EIN TAG IM MUSEUM

DAS MITMACHBUCH

Text:

Rosie Hore, Lara Bryan
und Rebecca Lumley

Gestaltung:

Helen Edmonds, Sarah Vince
und Anna Gould

Illustrationen:

Giulia Lombardo, Joe Todd Stanton,
Rachel Corcoran und Lee Cosgrove

Inhalt

Schnell, das Museum macht gleich auf!
ZUM MUSEUM HIER ENTLANG

Die Aufkleber und Lösungen der Rätsel findest du ganz hinten im Buch.

RUNDGANG DURCHS MUSEUM

Willkommen im Museum! Schau dir in den einzelnen Räumen an, was alles ausgestellt wird.

Private Führung

Findest du heraus, welcher der Räume Museumsführer Gustav am besten gefällt? Wenn du ihn gefunden hast, klebe den Aufkleber von den Stickerseiten hinein.

Ich mag Tiere, aber in diesem Raum sind keine.

Hier stehen keine Glasvitrinen und hängen keine gerahmten Bilder an den Wänden.

Im Raum nebenan steht ein Objekt, das einer Spinne ähnelt.

Nun hilf Gustav, eine Route von der Eingangshalle durch alle Ausstellungsräume zu finden. Er darf dabei keinen Weg zweimal gehen.

LEGENDE

- Café
- Garderobe
- Informationsschalter
- AUSGANG Ausgänge

Museumsplan

Mario ist gerade dabei, einen Plan des Museums zu entwerfen. Trage die korrekten Zahlen rechts in seine Checkliste ein, damit er nichts vergisst.

Insgesamt gibt es:

...... Cafés

...... Informationsschalter

...... Garderoben

...... Ausstellungsräume

...... Ausgänge

Verdrehte Namen

Entwirre die Namen dieser Räume. Schreibe sie dann in die entsprechenden leeren Felder auf dem Plan.

EWEBUGNG EDGNI NI

EDMO

LAMTWREU

EINGANGSHALLE

Dieser großzügige Eingangsbereich bietet den Besucherinnen und Besuchern einen kleinen Vorgeschmack auf all die faszinierenden Dinge, die sie im Museum erwarten.

Versteckspiel

Iwan und seine Freunde spielen zwischen den Ausstellungsstücken Verstecken. Erkennst du die Kinder anhand ihrer Kleidung? Kreise sie ein.

Iwans Pudelmütze
Leos rosa Rucksack
Annas grüne Handschuhe
Emmas gestreiftes T-Shirt

Fehlende Objekte

Auf den Sockeln in der Eingangshalle fehlen einige Ausstellungsstücke. Lies die Hinweise in den Sprechblasen, um die richtigen Objekte auf ihre Sockel zu stellen. Verwende dazu die Sticker am Ende des Buches.

Bunte Sockel

Male die Muster auf den Sockeln der Statuen mit Bunt- oder Filzstiften aus.

AUSSTELLUNGSSTÜCKE

Die Dinge, die in einem Museum ausgestellt werden, nennt man Exponate. Manche davon gehören dem Museum, andere werden für besondere Ausstellungen von anderen Museen oder privaten Sammlungen ausgeliehen.

Weltmusik

Ein Museum in New York leiht aus der ganzen Welt Musikinstrumente aus. Rechne mithilfe der Angaben unten aus, wie lange es dauert, bis die Instrumente ankommen. Alle Instrumente machen unterwegs einen Zwischenstopp. Schreibe die Zeiten neben die Instrumente auf die Karte.

Abflug von	Ankunft in	Flugzeit
Bamako	Marrakesch	3 h 05 min
Juneau	Vancouver	2 h 10 min
Marrakesch	New York	7 h 50 min
Mexiko-Stadt	New York	4 h 40 min
Moskau	New York	9 h 00 min
San Francisco	New York	4 h 20 min
Santiago	Mexiko-Stadt	8 h 45 min
Sydney	San Francisco	15 h 20 min
Vancouver	New York	5 h 40 min
Wladiwostok	Moskau	8 h 30 min

Zwischenstoppzeiten	
Marrakesch	40 min
Vancouver	30 min
Mexiko-Stadt	50 min
San Francisco	45 min
Moskau	35 min

Wertvolle Fracht

Diese zerbrechlichen Exponate wurden vor ihrer Reise von einem Museum zum anderen sorgfältig verpackt. Sind alle am Zielort angekommen?

Hier sind die verpackten Exponate.

Hier sind die Exponate nach Ankunft am Zielort.

Mumienwissen

Im Jahr 1974 wurde die Mumie des ägyptischen Pharao Ramses II. von Kairo nach Paris geflogen. Für die Einreise nach Frankreich brauchte Ramses einen Reisepass. Als Beruf war „König (verstorben)" eingetragen.

Depot

Findest du im Depot dieses Museums fünf Exponate für eine Ausstellung über die alten Römer? Kreise die Objekte ein.

Gesuchte Exponate

Amphore

Schwert oder „Gladius"

Fragment eines Mosaiks

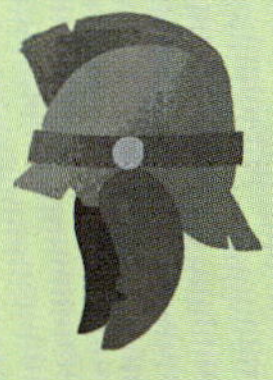

Soldatenhelm

Tablett mit Münzen

SKULPTUREN UND RELIEFS

Skulpturen sind in Museen oftmals so platziert, dass die Besucherinnen und Besucher um sie herumgehen und sie von allen Seiten betrachten können.

Gut verpackt

Dieses Standbild wurde für eine Ausstellung von einem anderen Museum ausgeliehen und ist gerade angekommen. Es wurde sorgfältig verpackt, um nicht beschädigt zu werden. Aber um welche Statue handelt es sich: A, B, C oder D?

Besuch aus China

Der erste Kaiser von China wurde mit Statuen von über 1000 Soldaten begraben, die heute als Terrakotta-Armee bekannt sind. Jede Figur sieht etwas anders aus. Findest du zwei mit den gleichen Stiefeln und eine, die einen Vollbart hat?

Wer ist wer?

Hier ist eine Sammlung von Statuen ausgestellt, die Gottheiten und Figuren aus verschiedenen Religionen darstellen. Lies die Beschreibungen rechts und schreibe anschließend die Namen der Figuren in die entsprechenden Felder.

Ganesha
Hindu-Gott, dargestellt als Mann mit einem Elefantenkopf

Juno
römische Göttin, die einen Schleier trägt

Horus
ägyptischer Gott, dargestellt mit einem Falkenkopf

Diana
römische Göttin, die einen Köcher mit Pfeilen trägt

Buddha
Begründer des Buddhismus, meist sitzend und meditierend dargestellt

Raijin
japanischer Gott, der Trommeln schlägt, um Donner zu erzeugen

Farbenfrohe Statuen

Die römischen Statuen, die in Museen ausgestellt sind, sahen zur Zeit der Römer anders aus als heute. Sie waren ursprünglich bunt angemalt, doch die Farbe ist im Laufe der Zeit verblichen. Spuren von Muschelschalen, zermahlenem Gestein, Pflanzen oder Tieren, aus denen die Farben hergestellt wurden, finden sich auch noch heute, nach Tausenden von Jahren.

Ägyptische Reliefs

Diese antike ägyptische Säule ist rund 3000 Jahre alt. Darauf erkennt man bildhafte Schriftzeichen, sogenannte Hieroglyphen. Male weitere Schriftzeichen auf die Säule.

Symmetrie aus Stein

Diese persische Säule stand im Hundertsäulensaal im heutigen Iran. Auf jeder Säule waren oben entweder zwei Stiere, Drachen, Männer oder Adler zu sehen. Kannst du die andere Hälfte dieser Säule ergänzen?

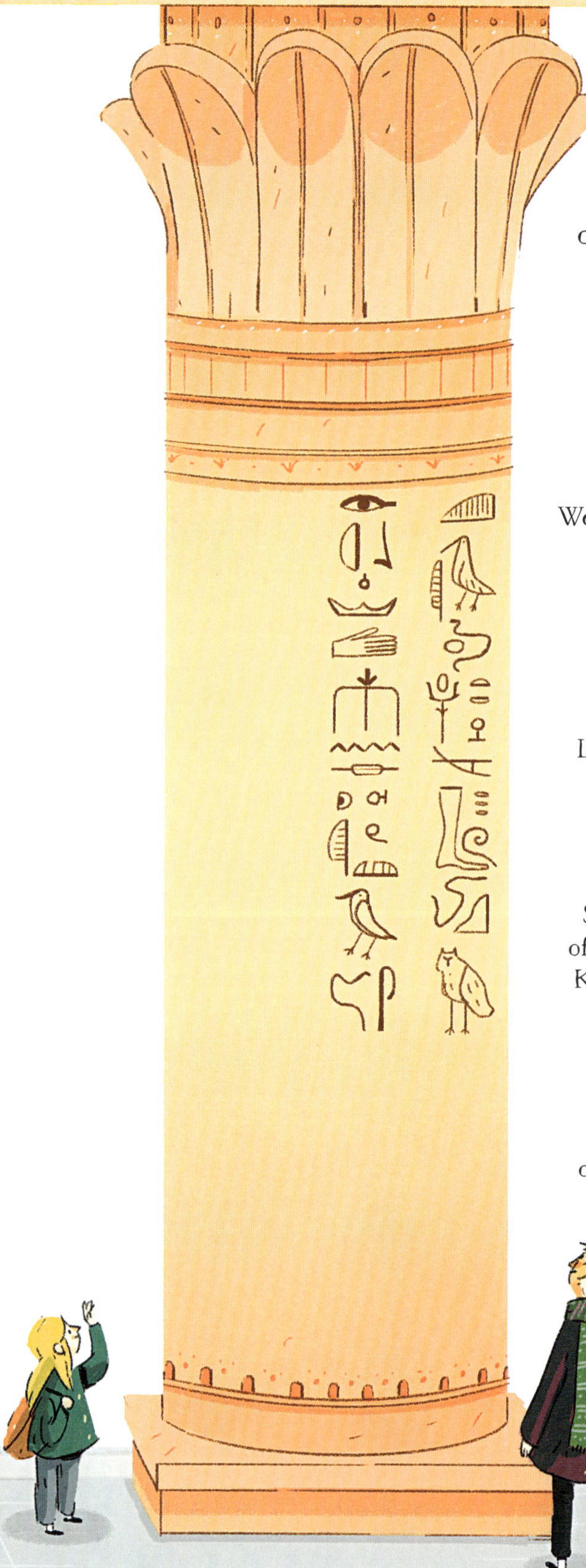

Du könntest diese Zeichen hinzufügen:

Ibis, ein Vogel, der Schrift und Weisheit symbolisiert

Anch, ein für Leben stehendes Zeichen

Sonnengott Re, oft als Skarabäus-Käfer dargestellt

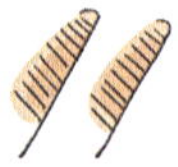

Schilfrohre, die am Ufer des Nil wachsen

Hingeschaut

Diese antiken griechischen Säulen, in die eine Frauenfigur gemeißelt wurde, werden als Karyatiden bezeichnet. Findest du fünf Unterschiede zwischen den beiden?

Steinerne Erzählung

Diese Säule erzählt die Geschichte eines römischen Krieges. Ordne die Beschreibungen den Bildern zu und trage die jeweiligen Buchstaben in die Kreise ein. Die Säule wird von unten nach oben gelesen.

A. Die beiden Seiten kämpfen gegeneinander.

B. Auf dem Heimweg lädt ein römischer Soldat Schätze des Feindes auf einen Esel.

C. Römische Truppen überqueren den Fluss und dringen in feindliches Gebiet ein.

D. Der römische Kaiser hält eine Rede.

E. Der Feind ergibt sich.

JEDE MENGE TÖPFE

Schon vor über 20 000 Jahren begannen Menschen damit, Gefäße aus Ton herzustellen. Heute finden sich in Museen weltweit Tausende Töpfe aus verschiedenen Zeiten und Kulturen.

Alle Größen und Formen

Jedes dieser antiken griechischen Gefäße diente einem bestimmten Zweck. Lies die Beschreibungen und ordne ihnen die entsprechenden Zahlen zu.

1. Chytra
Dieser schlichte runde Topf wurde als Kochgeschirr genutzt.

2. Alabastron
Dieses schlanke Fläschchen wurde zur Aufbewahrung von Parfüms oder Ölen verwendet.

3. Kylix
Der Boden dieser breiten Trinkschale ist mit einem Bild verziert, das erst sichtbar wird, wenn man das Gefäß geleert hat.

4. Amphore
Der Name dieses bauchigen Gefäßes bedeutet „auf beiden Seiten tragen".

5. Loutrophoros
Mit dieser langhalsigen Vase wurde Badewasser transportiert. Dekorative Versionen wurden Verstorbenen mit ins Grab gelegt.

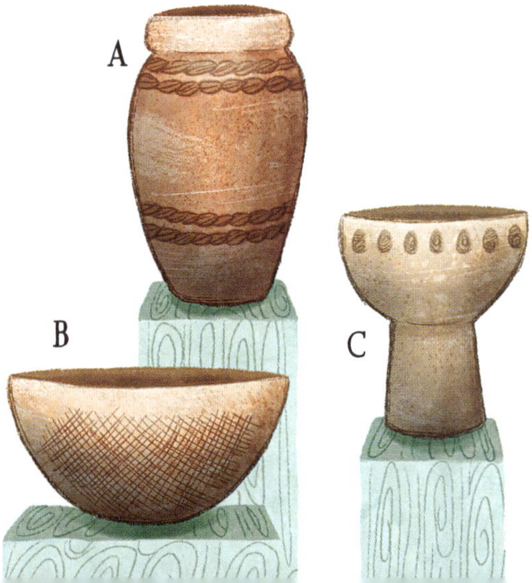

Druckmuster

Vor der Erfindung glänzender Glasuren verzierten Menschen ihre Tongefäße mit Mustern, die sie in den feuchten Ton drückten. Was wurde *nicht* zur Verzierung der Gefäße verwendet, die hier ausgestellt sind?

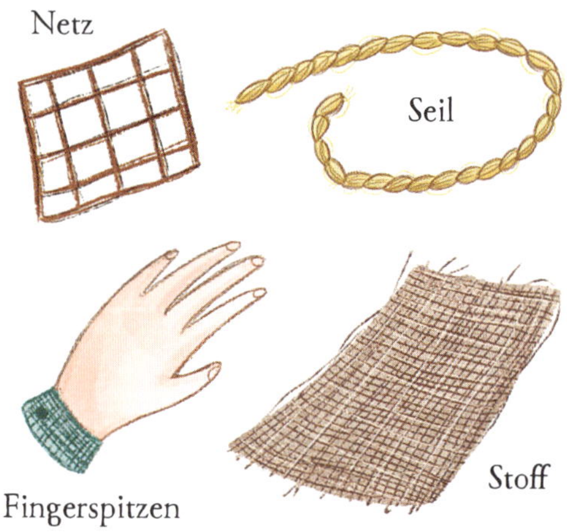

Tontöpfe bemalen

Diese Gefäße sind fast fertig für die neue Ausstellung. Vorher brauchen sie aber noch ein bisschen Farbe. Male die Muster auf den Töpfen bunt aus.

Die erste Töpferscheibe

Runde Gefäße werden auf einer Töpferscheibe hochgezogen. Da sich die Scheibe dreht, lässt sich der Ton leichter formen. Die alten Griechen glaubten, dass Athene, die Göttin der Kunst und des Handwerks, die Töpferscheibe erfand.

Vasen wie diese werden in Italien bereits seit über 600 Jahren hergestellt. Sie sind oft in leuchtenden Orange-, Blau- oder Grüntönen bemalt.

Für diese griechische Amphore könntest du Terrakotta-Braun, Schwarz oder Grün verwenden.

Diese chinesische Schale ist 600 Jahre alt. Male den Drachen in feurigen Rottönen aus oder koloriere ihn in Grüntönen wie eine Schlange.

RESTAURIERUNG

Hinter den Kulissen eines Museums arbeiten Restauratoren daran, den Exponaten wieder zu altem Glanz zu verhelfen. Dafür müssen sie zum Beispiel Schmutz oder Rost vorsichtig abkratzen, Dinge entfernen, die im Laufe der Zeit verändert oder hinzugefügt wurden, und manchmal ganze Objekte wieder zusammensetzen, die zu Bruch gegangen sind.

Zerbrochene Vase

Wenn Restauratoren kaputte Gefäße zusammenfügen, nutzen sie oft Kleber, der sich später wieder lösen lässt. So können sie Fehler korrigieren. Beim Restaurieren dieser Vase wurden versehentlich Teile eines anderen Gefäßes verwendet. Kreise unten die Scherben ein, die zur *originalen* Vase gehören.

So sollte die restaurierte Vase aussehen.

Finde die Unterschiede

Auf diesem Stillleben wurden vom früheren Besitzer einige Details hinzugefügt. Nur mit Mühe konnte der Restaurator den ursprünglichen Zustand wiederherstellen. Finde sechs Unterschiede.

Röntgenblick

Alte Metallobjekte können von einer dicken Rostschicht bedeckt sein. Bevor die Restauratoren den Rost entfernen, machen sie oft eine Röntgenaufnahme der Gegenstände, um genau zu sehen, was sich darunter verbirgt.

Finde den Weg

Manche Museen besitzen kein eigenes Röntgengerät. Eine Museums-Mitarbeiterin bringt ein mysteriöses verrostetes Objekt zu einem nahe gelegenen Krankenhaus, um dessen Apparat zu nutzen. Finde einen Weg vorbei an den Straßen, die wegen Bauarbeiten gesperrt sind.

Restauriere einen Helm

Dieser angelsächsische Helm wurde bei archäologischen Ausgrabungen entdeckt und ist über 1300 Jahre alt. Leider ist er in viele Teile zerbrochen. Nutze die Sticker hinten im Buch, um ihn wieder zusammenzusetzen.

DEPOT

Alle Exponate, die gerade nicht ausgestellt sind, werden im Depot gelagert, um ihren Zustand zu erhalten. Nutze die Sticker am Ende des Buches, um die Regale zu füllen.

LEBENDIGES MUSEUM

Museen zeigen nicht nur Ausstellungsstücke in Glasvitrinen. In „lebendigen Museen“ wird die Vergangenheit zum Leben erweckt. Dort tragen Führer historische Kostüme und zeigen Besucherinnen und Besuchern, wie die Menschen früher tatsächlich gelebt haben.

Wohin soll's gehen?

Jedes lebendige Museum bietet eine ganz eigene Erfahrung. Welches würdest du Noah empfehlen?

GROSSES SEGELABENTEUER

Komm an Bord eines majestätischen Großseglers und lebe einen Tag lang als Matrose.

- Schrubbe auf allen vieren das Deck.
- Lerne verschiedene Knoten.
- Beobachte, wie die Crew den Anker lichtet.
- Erkunde die Kajüte des Kapitäns.

DAS GEHEIME LEBEN DER DIENSTBOTEN

Ein faszinierender Einblick in das Leben der Dienerschaft eines Stadthauses um 1830

- Finde heraus, welche Aufgaben ein Butler hatte.
- Hilf beim Polieren des Tafelsilbers für das Erntedankfest.
- Verkleide dich wie eine Dienstbotin.

BELMONT-MUSEUM DER EISENZEIT

Freiluftspaß für die ganze Familie

- Lass dir zeigen, wie in der Eisenzeit Nahrung angebaut wurde.
- Besuche unseren Streichelzoo mit alten Tierrassen.
- Trage Kleidung aus der damaligen Zeit.
- Erkunde ein rekonstruiertes Haus der Eisenzeit.

BURG KREUZSTEIN

Ein mittelalterliches Fest für Augen, Ohren und Nase

- Erlebe aufregende Turniere, bei denen Ritter hoch zu Ross gegeneinander antreten.
- Lausche französischer Musik aus dem Mittelalter und finde heraus, wie die Instrumente damals hergestellt wurden.
- Lerne mehr über das Leben auf einer Burg und lass dir am knisternden Kaminfeuer spannende Geschichten erzählen.

Dorflabyrinth

Diese Gruppe besucht die Rekonstruktion eines Dorfes aus dem 19. Jahrhundert. Die Besucherinnen und Besucher möchten alle genannten Gebäude besichtigen. Kannst du sie führen? Sie dürfen die Fußwege nicht verlassen und keine Strecke doppelt gehen.

Freiwillig verkleidet

Diese freiwilligen Museumshelfer sollten sich als römische Legionäre verkleiden, doch nicht alle haben es richtig hinbekommen. Der Soldat ganz links ist korrekt ausgerüstet. Welcher noch: A, B, C oder D?

Geheime Gerüche

In einigen Museen werden Düfte freigesetzt, um die Vergangenheit noch lebendiger zu machen. Fachleute entwickeln Gerüche, die zum jeweiligen Thema der Ausstellung passen, etwa den Duft von frisch gebackenem Brot, von Seife beim Wäschewaschen oder von im Ofen verbrennender Kohle.

Küchenhilfe

Paula demonstriert in einer nachgebauten Küche aus den 1930er-Jahren, wie damals gekocht wurde. Kannst du ihr helfen, alle Zutaten zu finden, die sie für einen Apfelkuchen braucht? Kreise die Zutaten, die auf der Liste stehen, im Bild ein.

MENSCHEN DER FRÜHZEIT

Archäologen haben Werkzeuge, Schmuck und Kunstgegenstände ausgegraben, die Tausende oder sogar Hunderttausende von Jahren alt sind. Die besten Fundstücke übergeben sie oftmals an Museen. In manchen kannst du durch nachgestellte Szenen laufen, um besser nachzuvollziehen, wie die Menschen damals wirklich gelebt haben.

Aus der Zeit gefallen

In der Steinzeit benutzten die Menschen nur Steine, Holz und Tierhäute, um Dinge herzustellen. Hier ist eine Szene aus der Frühzeit nachgestellt. Aus Versehen sind jedoch sechs Gegenstände hineingeraten, die aus späterer Zeit stammen. Findest du sie alle?

Originelle Schnitzereien

Die Menschen der Frühzeit schnitzten kleine Figuren aus Stein oder Tierknochen. Bei manchen handelte es sich vielleicht um Glücksbringer für die Jagd. Kannst du diese Tierfiguren den richtigen Beschreibungen zuordnen und die entsprechenden Buchstaben auf die Schilder schreiben? Trage ein „X“ auf dem Schild ein, das übrig bleibt.

.... Mammut aus Elfenbein, gefunden in Deutschland

.... Löwe aus Sandstein, gefunden in Frankreich

.... Pferd aus Elfenbein, gefunden in Deutschland

.... Schafbock aus Kalkstein, gefunden in Israel

Sprechende Bilder

Frühe Menschen malten Bilder an Höhlenwände. Dafür nutzten sie farbige Erde oder verbranntes Holz. Die Höhlenmalereien in diesem Museum erzählen verschiedene Teile derselben Geschichte. Nummeriere die Szenen von 1 bis 4, um sie in die richtige Reihenfolge zu bringen.

A ....

B ....

C ....

D ....

Mal die Wand an

Vervollständige diese Höhlenmalerei, indem du weitere Menschen und Tiere hinzufügst.

Das Geheimnis der Höhlenkunst

Niemand weiß genau, warum die Menschen der Frühzeit Bilder an Wände malten. Manche Experten vermuten, dass es eine Form der Verständigung war. Andere denken, dass die Malereien zu einem religiösen Ritual gehörten. Vielleicht wollten die Menschen aber auch einfach nur ihre Wände verschönern.

ALLTAGSGEGENSTÄNDE

Manche Museen stellen Dinge aus, die auf den ersten Blick vollkommen gewöhnlich und alltäglich erscheinen, jedoch eine Menge darüber aussagen, wie Menschen früher gelebt haben. Es gibt sogar Museen, die sich auf sehr bestimmte Dinge spezialisiert haben, zum Beispiel Küchengeschirr, Buntstifte, Uhren oder Briefmarken.

Schattenspiele

Die Lichter sind aus und von den Exponaten sind nur noch dunkle Umrisse zu erkennen. Ein Gegenstand aus dieser Ausstellung von Küchengeräten ist verschwunden. Sieh dir die Bilder auf der linken Seite genau an und finde heraus, was fehlt.

Buntstiftmuster

Hier sind Stifte aus dem 20. Jahrhundert ausgestellt. Damals wurden zum ersten Mal bunte Stifte für Künstler hergestellt. Die Stifte sind der Größe und Farbe nach in einem bestimmten Muster angeordnet. Kannst du die nächsten fünf einzeichnen?

Uhrenvergleich

Diese Uhren zeigen die falsche Zeit an. Wie viele Minuten müssen jeweils hinzugerechnet oder abgezogen werden, damit sie die richtige Zeit angeben?

Das ist die richtige Zeit:

A

Füge .... Minuten hinzu.

B

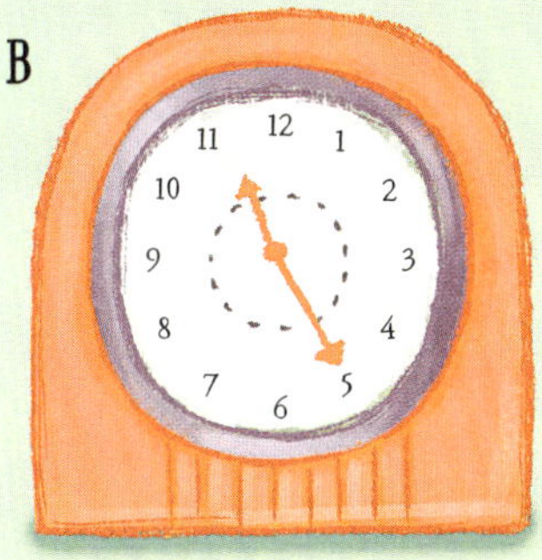

Ziehe .... Minuten ab.

Briefmarken

Menschen, die Briefmarken sammeln, werden auch Philatelisten genannt. Ihre Sammlungen landen manchmal in speziellen Museen. Male für deine ganz persönliche Sammlung verschiedene Motive auf die leeren Briefmarken.

Knopfkästchen

Die allerersten Knöpfe waren reine Zierde. Erst ab dem 13. Jahrhundert wurden sie als Verschlüsse genutzt. Fülle diesen Ausstellungskasten mit weiteren Knöpfen, sodass sich in jeder Reihe, Spalte und in jedem Viererblock ein Knopf jeder Form befindet.

SCHRIFTLICHE AUFZEICHNUNGEN

Die Menschen begannen mit dem Schreiben vor über 5000 Jahren. Doch die verschiedenen Arten von Schriften, die sie nutzten, sind für Forscher nicht immer leicht zu entschlüsseln. Manche Schriftsysteme, etwa die Hieroglyphen der alten Ägypter, blieben für Jahrtausende ein Geheimnis.

Code aus Kreta

Diese Nachricht ist in eine Tonscheibe eingeritzt. Sie ähnelt jenen, die vor über 4000 Jahren auf der griechischen Insel Kreta benutzt wurden. Welche sieben Zeichenfolgen auf der Scheibe sind rechts nicht zu finden?

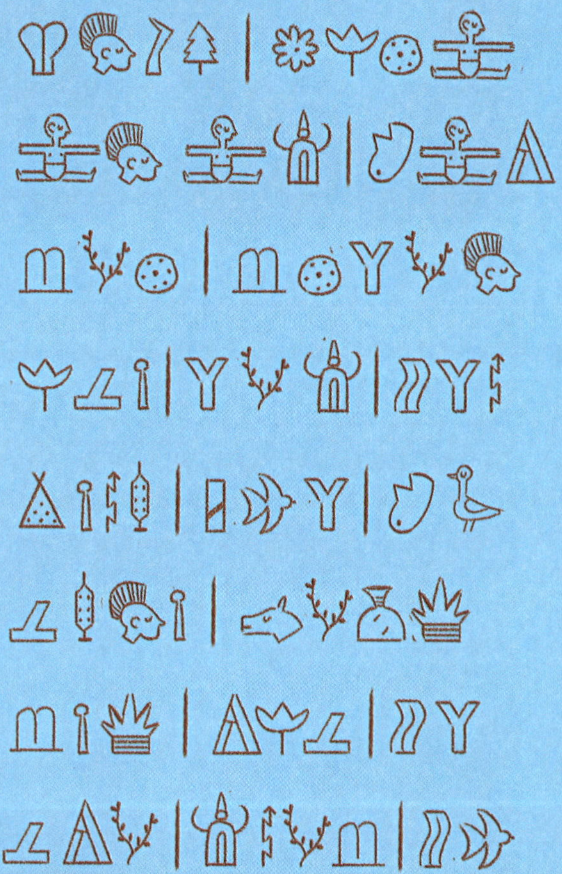

Hieroglyphen entschlüsseln

Der Stein von Rosette wurde 1799 von französischen Soldaten in Ägypten gefunden. Die Steintafel gehört zu den am häufigsten besichtigten Museumsstücken weltweit. In sie ist der Erlass eines ägyptischen Königs in drei verschiedenen Schriften eingeritzt: in Altgriechisch, in der demotischen Schrift, die im alten Ägypten verwendet wurde, und in ägyptischen Hieroglyphen. Durch die Übersetzung aus dem Griechischen konnten Fachleute nach und nach die Hieroglyphen entschlüsseln und herausfinden, was sie tatsächlich bedeuten.

Liebes Tagebuch ...

Aus Tagebüchern lässt sich viel über das Leben früherer Menschen erfahren. Hier sind drei Tagebücher, die demnächst ausgestellt werden sollen. Kannst du ermitteln, wie alt die Verfasser waren, als sie die Einträge geschrieben haben?

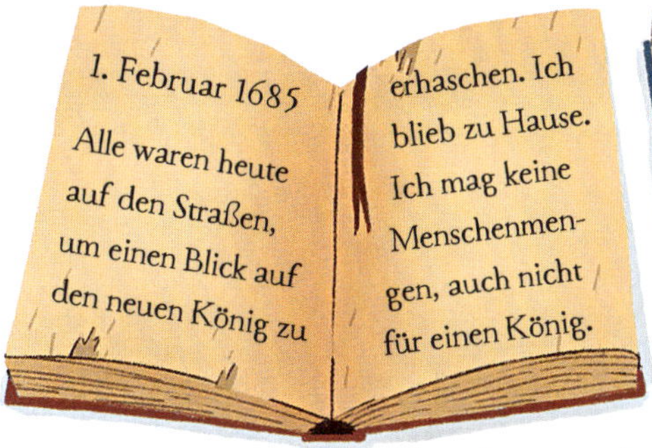

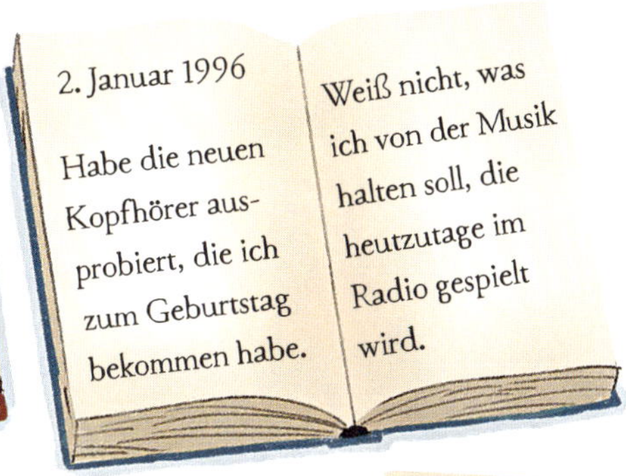

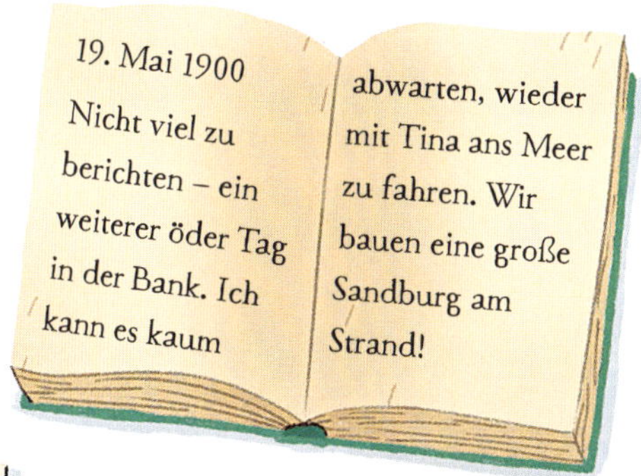

Parzival Montgomery, geboren am 27. März 1654

Elise Wiebusch, geboren am 1. Januar 1919

Sven Udert, geboren am 21. Mai 1872

.... Jahre alt

.... Jahre alt

.... Jahre alt

Zeitkapsel

Zeitkapseln werden vergraben, damit ihr Inhalt vielleicht in Hunderten von Jahren von anderen Menschen gefunden wird. Diesem Museum wurde vor Kurzem eine Zeitkapsel geschenkt, aber die Nachricht darin ist verschlüsselt. Kannst du sie entschlüsseln?

.tednif lespaktieZ eresnu red ,ned rüf tlletsre edoC nenie nebah riW

....

....

Wri hbnae sie mi Jhra chtzhnhndrtsbzhnaeueiee vrgrbneae.

....

....

Ojdiu jo efo obfditufo axfjivoefsu Kbisfo bvgnbdifo!

....

....

SPIELZEUGMUSEUM

In manchen Museen werden alle Arten von historischen Spielsachen ausgestellt, von einfachen Holzkreiseln und Jo-Jos bis hin zu prachtvollen Puppenhäusern.

Kreiselwettbewerb

Zu den ältesten Spielzeugen überhaupt gehören Kreisel. Hier sind einige aus der Sammlung des Museums. Finde heraus, welcher Kreisel sich am längsten drehte.

Der gelbe Kreisel drehte sich eine halbe Minute.

Der schwarze Kreisel drehte sich fünf Sekunden länger als der gelbe.

Der grüne Kreisel drehte sich doppelt so lang wie der gelbe.

Der rote Kreisel drehte sich 30 Sekunden länger als der grüne.

Die ersten Jo-Jos

Jo-Jos sind über 2500 Jahre alt. Eine antike griechische Vase im Alten Museum in Berlin zeigt einen Jungen in einer Toga, der mit einem Jo-Jo spielt.

Papier-Puppen

Papier-Anziehpuppen wurden zum ersten Mal um das Jahr 1800 gedruckt. Manche trugen die allerneueste Mode, andere waren lustig gekleidet, wie diese Puppen in Zirkuskostümen. Findest du die passenden Kostüme für die Puppen sowie die dazugehörigen Kopfbedeckungen?

Puppenhaus zum Ausmalen

Puppenhäuser geben mitunter Einblicke, wie echte Häuser in der Vergangenheit aussahen. In diesem Haus lebte ein Mädchen aus einer wohlhabenden Familie des späten 19. Jahrhunderts.

ANTIKE SPIELE

Alte Spielfiguren, -bretter und Würfel geben Hinweise darauf, wie sich die Menschen vor Tausenden von Jahren die Zeit vertrieben. Die Regeln der dazugehörigen Spiele wurden in vielen Fällen nie aufgeschrieben – oder konnten nicht gefunden werden. Museumskuratoren müssen also manchmal raten, wie die Spiele gespielt wurden.

Knobeln wie die Römer

Die alten Römer spielten gern mit kleinen Tierknochen, sogenannten Astragali, auf denen römische Zahlen eingeritzt waren. Sie benutzten sie wie Würfel. Zähle die Zahlen auf der Oberseite der Knochen zusammen. Wie viele Punkte hat jeder Spieler?

Römische Zahlen

I = 1
II = 2
III = 3
IV = 4
V = 5
VI = 6

Spieler 1

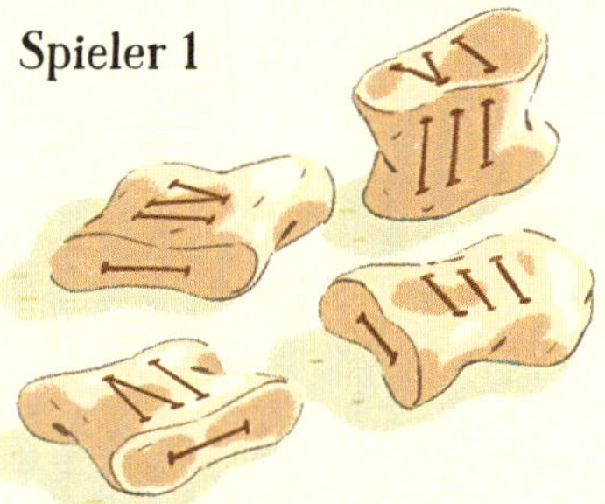

Spieler 2

Steinauge, sei wachsam!

Mancala ist ein altes afrikanisches Spiel für zwei Spieler. Dabei werden Samen oder Steinchen auf einem Spielbrett verschoben. Wie viele orangefarbene und wie viele grüne Steinchen wurden bewegt?

Bevor die Steine bewegt wurden, sah das Spielbrett so aus.

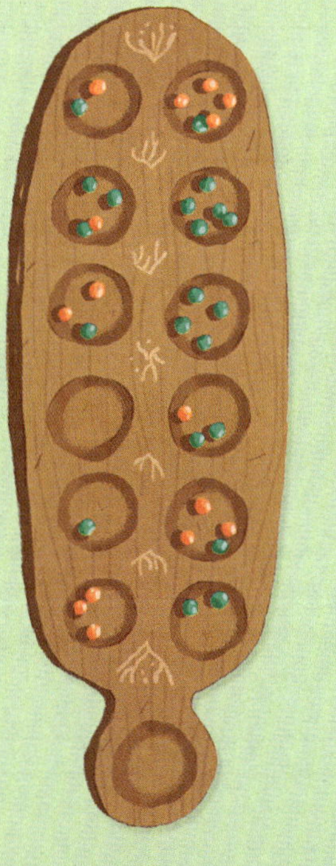

Nachdem die Steine bewegt wurden, sieht das Spielbrett so aus.

Würfelei

Schon vor über 7000 Jahren spielten die Menschen mit quadratischen Spielwürfeln. Welche dieser drei flachen Formen lässt sich zu dem hier abgebildeten Würfel zusammenfalten?

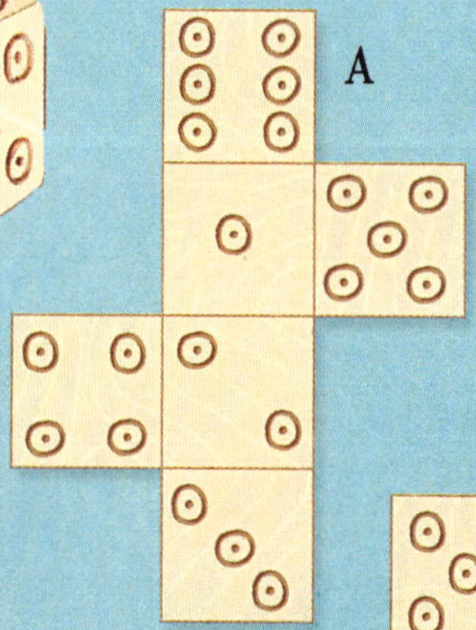

A

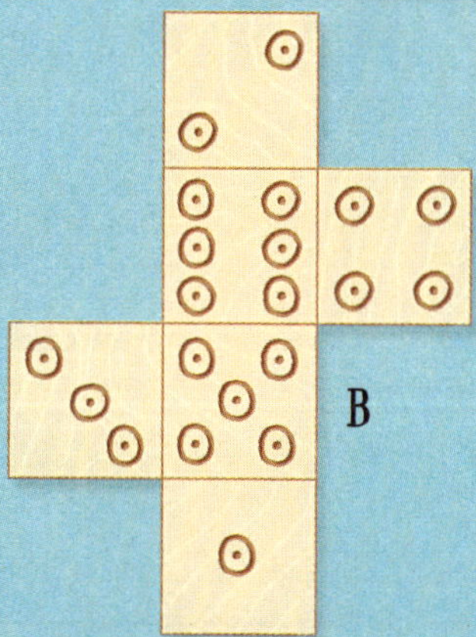

B

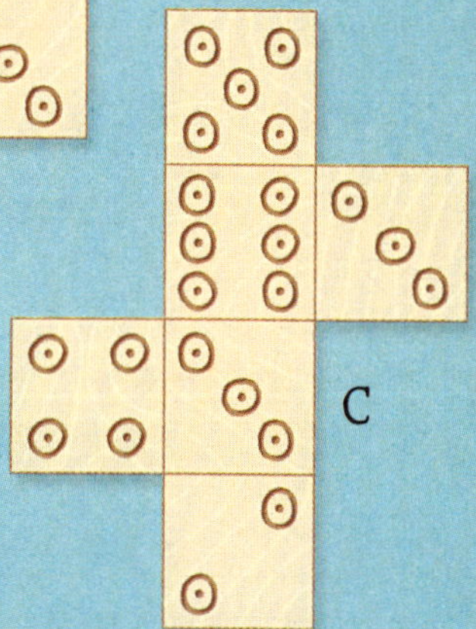

C

Schwarz und Weiß

Bei dem alten chinesischen Spiel Go werden schwarze und weiße Steine auf ein Spielbrett gelegt. Du kannst den Stein deines Gegners schlagen oder „gefangen nehmen", indem du ihn mit vier deiner Steine umzingelst. Wo auf dem Spielfeld solltest du zwei schwarze Steine positionieren, um zwei weiße zu schlagen? Zeichne sie ein.

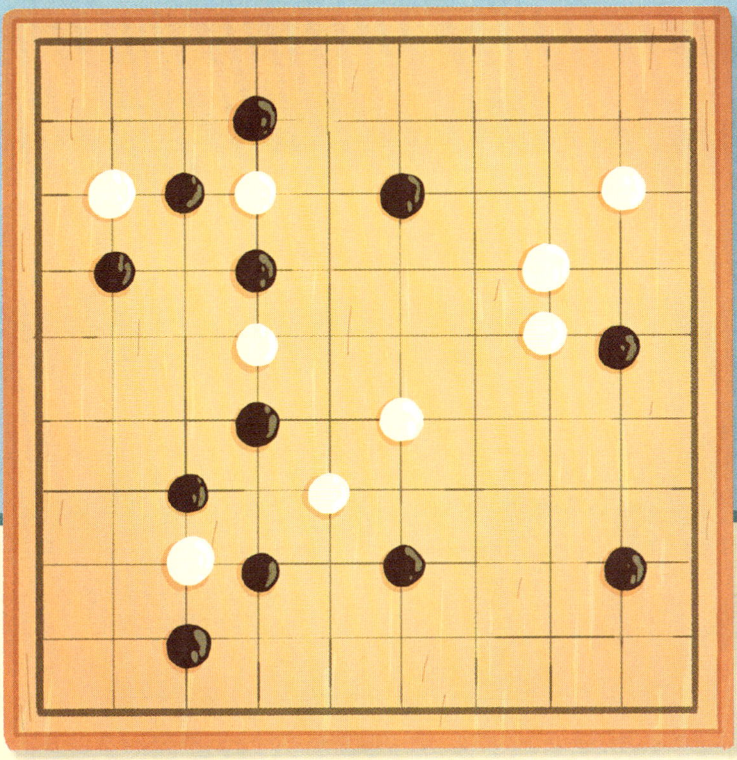

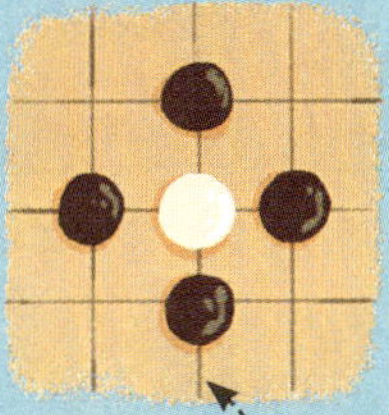

Vier schwarze Steine in dieser Anordnung schlagen einen weißen Stein.

Wie alt ist Go?

Das älteste Go-Brett ist über 1400 Jahre alt und befindet sich heute in einem Museum in Henan in China. Das Strategiespiel wurde jedoch auch schon 1000 Jahre zuvor gespielt.

Fünf in einer Reihe

Das Ziel dieses alten römischen Spiels besteht darin, fünf Spielsteine in einer ununterbrochenen Reihe (diagonal, horizontal oder vertikal) anzuordnen. Zum Spielen brauchst du zwei Personen und die Aufkleber von den Stickerseiten.

1. Entscheidet, wer mit den blauen und wer mit den gelben Steinen spielt.
2. Die erste Person wählt ein Quadrat und klebt einen ihrer Spielsteine darauf.
3. Die zweite Person klebt einen ihrer Steine in ein anderes Quadrat.
4. Spielt abwechselnd weiter, bis eine Person es schafft, fünf Steine in einer Reihe anzuordnen, und so das Spiel gewinnt.

MUSEUMSFÜHRUNG

Die Museumsführer kennen sich sehr genau mit den Sammlungen aus, für die sie zuständig sind. Sie können Fragen beantworten und enthüllen während ihrer Führungen die Geheimnisse der Museen.

Historische Highlights

 ägyptische Katzenstatue

 iranische Sonnenscheibe

 römischer Helm

 mittelalterliches Schwert

 chinesische Löwenstatue

 griechische Steinvase

Plane eine Tour

Führerin Tanja zeigt Besuchern die historischen Highlights des Museums. Plane für sie einen Weg, der an allen Exponaten auf der Liste rechts vorbeiführt, ohne dass sie mit ihrer Gruppe zurückgehen muss. Die Führung endet am Ausgang.

Kabelsalat

Die Kabel dieser Audioguides haben sich beim Rundgang verknotet. Finde heraus, welcher Person welches Gerät gehört.

Virtuelle Führungen

Manche Museen bieten Virtual-Reality-Führungen an, bei denen die Besucherinnen und Besucher die Ausstellungen erkunden können, ohne selbst vor Ort zu sein.

Perfektes Timing

Stefanie, Tim und Mischa sind dabei, die Anzeigen für ihre nächste Führung zu aktualisieren. Kannst du die korrekten Zeiten in die Uhren einzeichnen?

WISSENSCHAFTSMUSEUM

Hier wird vermittelt, wie die Welt um uns herum funktioniert – mit zahlreichen Vorführungen, praktischen Experimenten und interaktiven Objekten.

Versuchslabor

Das Labor des Museums ist vollgestopft mit technischer Ausrüstung für wissenschaftliche Versuche. Führe die Experimente mit verschiedenfarbigen Stiften zu Ende.

Fülle diese Kolben mit Chemikalien und Bläschen.

Male überlaufenden Schaum in diese Rundkolben.

Male Flammen über die Bunsenbrenner.

Füge weitere Blumen für dieses Biologieexperiment hinzu.

Finde die Glühbirne, die mit dem Schalter verbunden ist.

Kritzle weitere Büroklammern auf diesen Magnet.

Rauf und runter

In dieser Robotikausstellung kannst du eigenhändig einen Roboter programmieren. Die Pfeile sagen dem Roboter, dass er die Richtung ändern muss. Folge den jeweiligen Pfeilen zum nächsten Feld. Welcher Weg führt den Roboter ans Ziel?

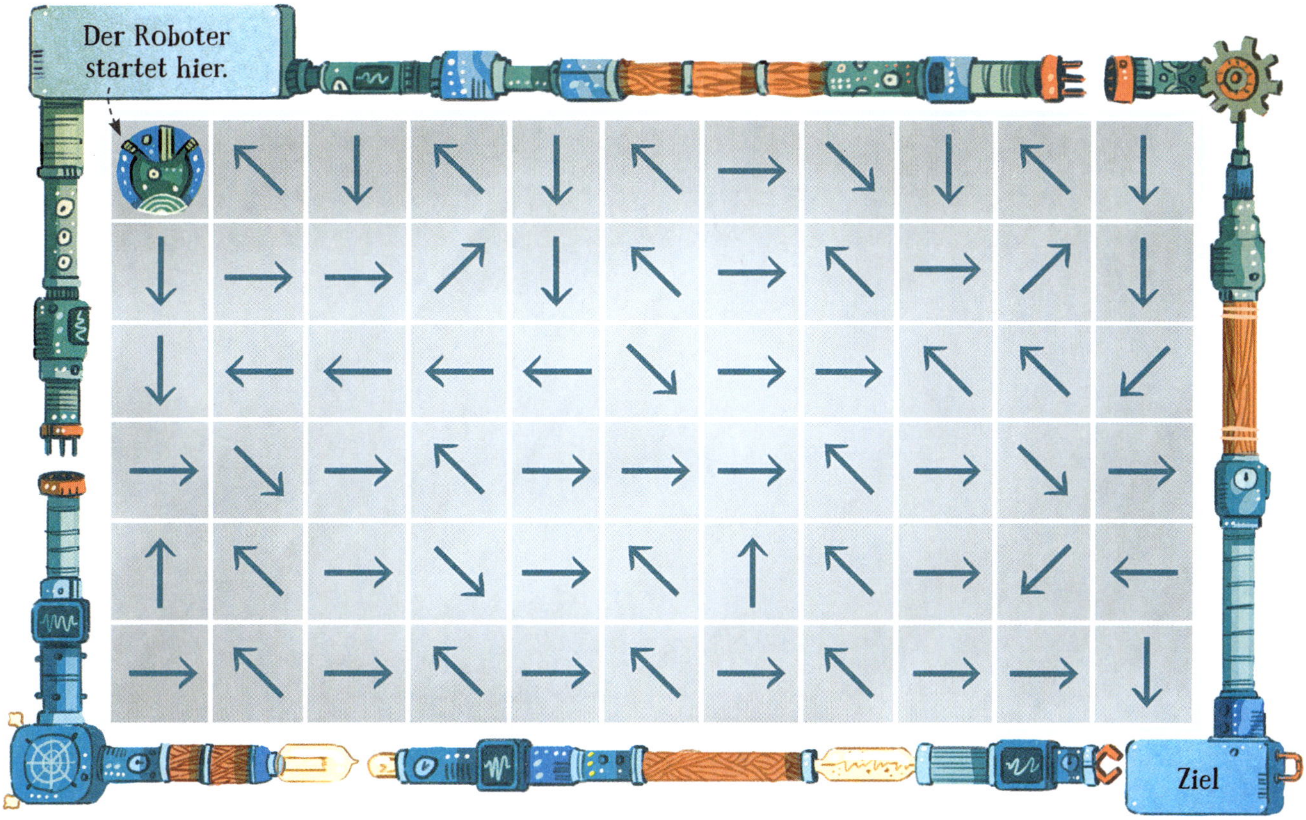

Richtig oder falsch?

Eine dieser Aussagen über Wissenschaftsmuseen stimmt nicht. Kannst du erraten, welche?

1. In einem Wissenschaftsmuseum in Australien gibt es einen „Raum der Blitze“, in dem Museumsmitarbeiter echte Blitze erzeugen.

2. Ein Wissenschaftsmuseum in den USA veranstaltete einen Wettbewerb, bei dem der Gewinner einen ganzen Monat im Museum leben durfte.

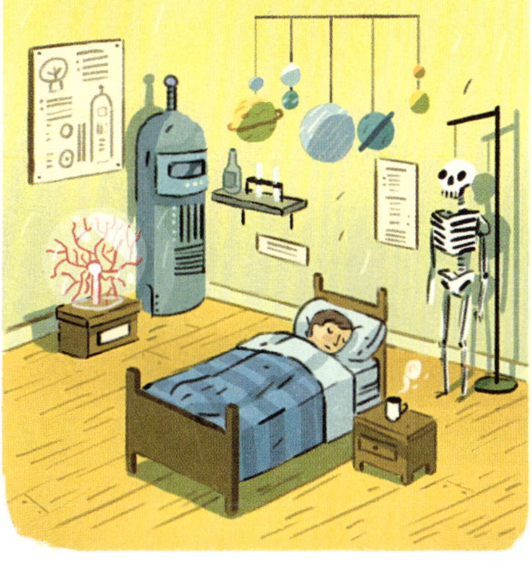

3. In einem Museum in Spanien gibt es eine Ausstellung, in der sich die Besucher für bis zu 20 Minuten einfrieren lassen können.

MITMACHMUSEUM

Auch wenn du die Exponate in einem Museum in der Regel nicht berühren darfst, gibt es in den meisten Ausstellungen interaktive Objekte, die du selbst ausprobieren kannst.

Retro-Videospiele

In diesem Museum wurden Videospiele aus den 80er-Jahren wieder zum Laufen gebracht. Bei diesem Spiel muss das Raumschiff einen Weg durch das Labyrinth finden, ohne dabei auf schleimige Aliens zu treffen. Findest du den richtigen Weg?

Geschmackstest

Dieses Museum hat eine ganz besondere Verkostung vorbereitet, bei der ungewöhnliche Zutaten auf der Speisekarte stehen: Insekten. Kannst du die Namen der Gerichte entschlüsseln?

Insekten-Menü

1. SFSÜERDSENTAU-LATAS
2. SNEEIMA FUA STOAT
3. LENRIGL MA SESIPS
4. KRELAKNEKA-ISHSU
5. KORSPOIN-IOILL

Blick in die Zukunft

Ben benutzt ein digitales Ausstellungsgerät, das den Besucherinnen und Besuchern zeigt, wie sie im Alter aussehen könnten. Wie sähe Ben wohl aus? Skizziere sein Gesicht auf dem Bildschirm.

Mitten im Beben

In einem Simulator kannst du erleben, wie sich Wirbelstürme, Erdbeben und andere Naturgewalten anfühlen. Die beiden Bilder unten zeigen einen Raum, bevor und nachdem der Erdbebensimulator eingeschaltet wurde. Findest du fünf Dinge, die sich *nicht* bewegt haben?

ALLE AUGEN INS ALL

In Raumfahrtmuseen kannst du mehr über Planeten und Sterne erfahren und das Universum erforschen, ohne jemals die Erde zu verlassen. Neben Modellen und Replikas gibt es sogar Dinge zu sehen, die tatsächlich aus dem All stammen.

Sternenhimmel

Ein Planetarium ist ein Gebäude oder Raum mit einer kuppelartigen Decke, auf die innen bewegte Bilder von Sternen projiziert werden können. Dazu erhält man Erläuterungen zu Sternen und Sternbildern.

Sterne zählen

Astronomen glauben, dass es mehr Sterne im Universum gibt als Sandkörner auf der Erde. Dies umfasst den gesamten Sand in jeder einzelnen Wüste und an allen Stränden weltweit.

Sternbilder sind Anordnungen von Sternen am Himmel. Im Museum kannst du mehrere direkt nebeneinander sehen. Die einzelnen Sterne sind hier durch gedachte Linien zu Formen und Bildern verbunden. Welche der Sternbilder unten findest du an der Decke des Planetariums? Welches fehlt? Behalte im Hinterkopf, dass sie gedreht abgebildet sein können.

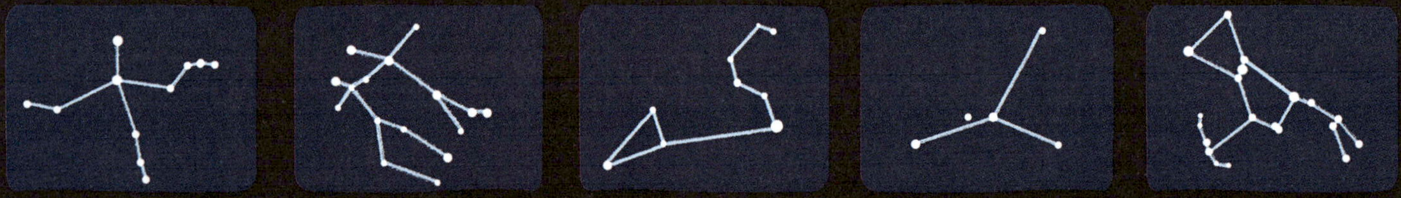

Schwan | Zwillinge | Löwe | Krebs | Orion

Reise durchs All

In diesem Raumfahrtmuseum gibt es ein Spiel, bei dem eine Rakete durch den Weltraum gesteuert werden muss. Findest du eine Route, bei der die Rakete weder auf Planeten noch auf Schwarze Löcher oder Asteroiden trifft?

Verlorene Buchstaben

Die Exponate in dieser Ausstellung müssen beschriftet werden. Doch einige Buchstaben sind verloren gegangen. Kannst du die Schilder vervollständigen?

F_T_ V_N
_STR_N_ _T_N

W_LTR_ _M-
N_HR_NG

M_ND-
G_ST_ _N

M_T_ _R_T

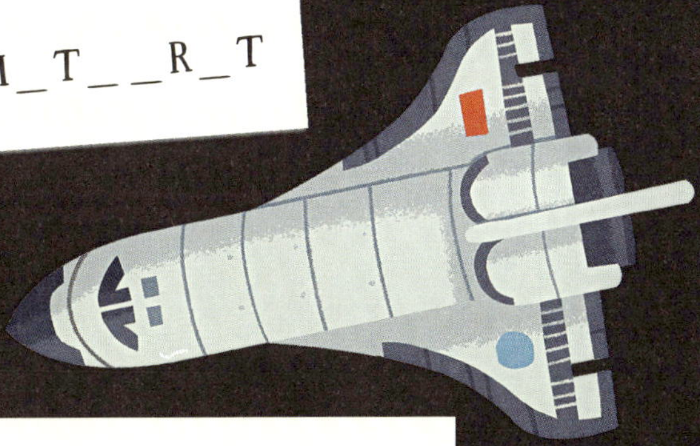

R_PL_K_ _ _N_R
R_ _MF_HR_

M_D_LL
_ _N_S
S_T_LL_T_N

DIE WELT DER NATUR

Naturkundemuseen bewahren alle Aspekte der natürlichen Welt, von Tierskeletten und Fossilien bis hin zu Büchern mit gepressten Blumen und seltenen Insekten. In den größten Museen sind *Millionen* von Exemplaren versammelt.

Fossiliensuche

Fossilien sind Tiere und Pflanzen aus früheren Zeiten, die im Laufe vieler Millionen Jahre zu Stein geworden sind. Welches der Fossilien rechts ist *nicht* im Suchsel versteckt?

E	L	R	D	H	A	B	O	T	D
K	A	E	C	H	I	N	O	I	D
Q	R	B	D	K	H	R	F	L	Q
D	G	A	Y	A	P	P	E	S	A
C	P	L	A	C	O	D	E	R	M
Y	A	P	B	M	R	S	I	A	M
X	J	B	I	A	T	P	X	V	O
F	A	A	B	N	S	H	L	M	N
O	A	B	A	O	Y	A	E	W	I
A	S	Z	P	P	T	T	E	G	T
H	J	E	M	A	A	N	K	G	O
A	R	F	U	I	L	J	V	D	A
T	S	S	I	T	P	R	A	C	R

Die Namen können senkrecht, waagerecht, rückwärts, vorwärts oder diagonal geschrieben stehen.

TREPOSPIRA
(Schneckenschale, 400 Millionen Jahre alt)

PLACODERM
(prähistorischer Fisch, 390 Millionen Jahre alt)

ECHINOID
(Seeigel, 100 Millionen Jahre alt)

TRILOBIT
(Meerestier, 520 Millionen Jahre alt)

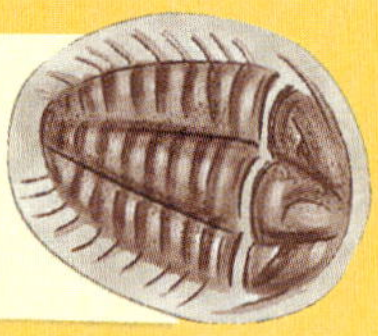

PLATYSTROPHIA
(Weichtier, 485 Millionen Jahre alt)

AMMONIT
(Schalentier, 150 Millionen Jahre alt)

Seltene Blüten

In naturkundlichen Museen werden seltene Blüten aus der ganzen Welt aufbewahrt und ausgestellt. Findest du die beiden gepressten Blüten, die genau gleich aussehen?

Tolle Tiere

Teste in diesem Quiz dein Wissen über Tiere und naturhistorische Sammlungen.

1. An Land gespülte tote Haie werden manchmal präpariert und in Museen ausgestellt. Wie viele Knochen haben Haie in ihrem Körper?

a) 100
b) 20
c) keine

2. Vor Jahrhunderten brachten Entdecker Tiergeweihe mit von ihren Reisen, um sie auszustellen. Ordne die Geweihe diesen Tieren zu: Rentier, Wasserbüffel, Gazelle.

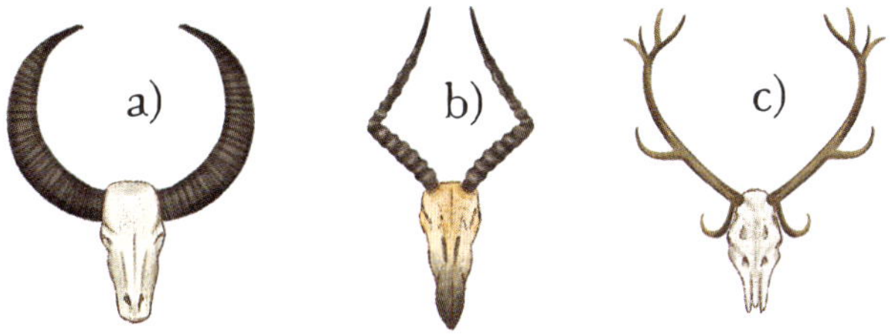

3. Drei dieser Präparate zeigen Vögel, die ausgestorben sind und nicht mehr in der freien Natur vorkommen. Welcher Vogel lebt noch?

Dodo

Wandertaube

Riesenalk

Paradiesvogel

4. Im Universeum im schwedischen Göteborg kannst du einen überdachten Regenwald erkunden. Darin leben 600 verschiedene Pflanzen- und Tierarten. Welche Tiere gibt es dort *nicht* zu sehen?

a) Faultiere
b) Menschenaffen
c) Frösche
d) Schwertwale
e) Leguane
f) Schmetterlinge

5. Im Naturkundemuseum von Sevilla in Spanien hängt das Modell eines Blauwals. Blauwale können so lang werden wie drei Busse. Doch wie schwer sind ihre Zungen? Wiegen sie so viel wie …

a) ein Fußball?
b) ein Elefant?
c) ein Surfbrett?

6. Richtig oder falsch? Im Field Museum in Chicago (USA) arbeiten Tausende von Käfern und halten die ausgestellten Tierskelette sauber.

RICHTIG / FALSCH

7. Im naturwissenschaftlichen Museum in Boston (USA) können die Besucher einen Bienenstock von innen betrachten. Wie viel Honig produziert eine Biene in ihrem Leben?

a) einen Teelöffel
b) ein Zwölftel eines Teelöffels
c) ein Glas

Schmetterlingshaus

In diesem naturhistorischen Museum gibt es ein begehbares Gewächshaus, in dem Tausende von Schmetterlingen leben. Übertrage die fehlenden Muster auf die Flügel der Schmetterlinge und male sie dann farbig aus. Folge dabei den Abbildungen unten auf der Seite.

Nutze diese Abbildungen, um die Flügel zu vervollständigen.

Tiger-schwalbenschwanz | Richmond-Vogelfalter | Zebrafalter | Großer Schillerfalter | Tagpfauenauge

Insekten identifizieren

Entomologen kennen sich mit allerlei Insekten aus. Zu ihren Aufgaben gehört, die unzähligen Arten in den Sammlungen naturhistorischer Museen zu bestimmen. Nutze das folgende Diagramm, um diese Exponate zu identifizieren. Schreibe die passenden Buchstaben unter die Abbildungen.

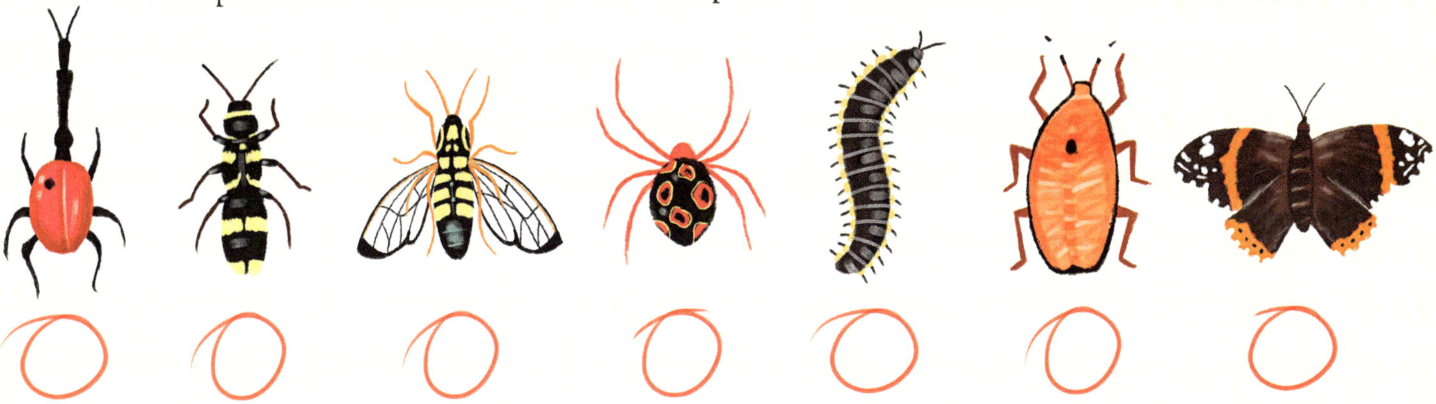

Fang immer hier an.

Ist es zum Teil orangefarben?

JA

Hat das Insekt Flügel?

NEIN

Hat sein Körper die Form eines Schilds?

JA

A

Stinkkäfer

eigentlich eine Wanze; produziert eine übel riechende Flüssigkeit, um sich vor Fressfeinden zu schützen

JA

Sind seine Flügel durchsichtig?

JA

B

Wespenmotte

stammt aus Costa Rica; imitiert Wespen, um nicht von Vögeln gefressen zu werden

NEIN

Hat es weiße Flecken auf den Flügeln?

JA

D

Admiral

weit verbreiteter Schmetterling; kommt in kühleren Regionen vor

NEIN

Hat das Insekt mehr als sechs Beine?

JA

Ist sein Körper in zahlreiche Segmente unterteilt?

JA

C

Gelber Tausendfüßer

produziert eine giftige Substanz, die nach Mandeln riecht

NEIN

Hat es acht Beine?

JA

G

Schwarze Witwe

giftige Spinne; zu finden in Sanddünen in Florida, USA

NEIN

Ist sein Körper gestreift?

JA

E

Echter Widderbock

schlüpft aus Larven, die in trockenen Ästen leben

NEIN

Hat es einen langen „Hals"?

JA

F

Giraffenhalskäfer

langhalsiger Käfer; kommt nur auf Madagaskar vor

DINOSAURIERPARK

Bisher wurden über 700 verschiedene Dinosaurierarten entdeckt. Ihre Überreste sind oftmals in Museen ausgestellt. Dort findest du auch lebensgroße Modelle, die dir zeigen, wie Dinosaurier vor Millionen von Jahren ausgesehen haben könnten.

Leere Ausstellung

Dieser Dinosaurierpark bereitet gerade eine neue Ausstellung vor. Die Tafeln mit den Beschreibungen stehen bereits, aber die Modelle fehlen noch. Verwende die Aufkleber von den Stickerseiten und stelle die Dinosaurier an ihren Platz. Füge anschließend einige Personen hinzu, die den Park besuchen.

Hesperosaurus

Lebte vor 154 bis 142 Millionen Jahren. Die vier spitzen Stacheln am Ende seines Schwanzes dienten dazu, Angreifer abzuwehren.

Megapnosaurus

Lebte vor 205 bis 190 Millionen Jahren. Dieser kleine Saurier lief auf zwei Beinen. Sein Schwanz half ihm, das Gleichgewicht zu halten.

Parasaurolophus

Lebte vor 76 bis 74 Millionen Jahren. Dieser Saurier gab laute Rufe von sich, die wie ein Nebelhorn klangen. Dafür nutzte er den langgezogenen Zapfen am Kopf.

Schädelsuche

Die hier ausgestellten versteinerten Schädel gehören zu den Modellen im Museum, bis auf einen. Um welchen Schädel handelt es sich?

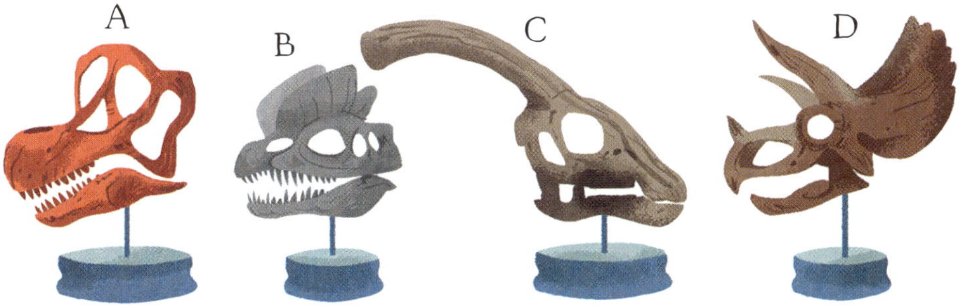

Dilophosaurus

Lebte vor 190 Millionen Jahren. Dieser schnelle Dinosaurier hatte zwei gebogene Knochenkämme auf seinem Kopf.

Sauropelta

Lebte vor 121 bis 94 Millionen Jahren. Die Stacheln auf seinem Rücken ließen ihn größer wirken. Dadurch schreckte er mögliche Angreifer ab.

Skelettsuche

Das Skelett eines Psittacosaurus wird für die Ausstellung im Park zusammengesetzt. Allerdings sind fünf Knochen verloren gegangen. Findest du sie auf dieser Doppelseite?

Brachiosaurus

Lebte vor 155 bis 140 Millionen Jahren. Mit seinem langen Hals konnte er Blätter fressen, die weit oben wuchsen.

KLUGE KOMMUNIKATION

Heute ist es einfacher als je zuvor, Informationen zu teilen. In diesem Museum erfährst du, wie sich die Kommunikationstechnologie vom Telegrafen bis zum Smartphone entwickelt hat.

Bild und Ton

Das Museum zeigt Aufzeichnungen von drei historischen Fernsehübertragungen, doch die Tonspuren sind durcheinandergeraten. Was wird in den jeweiligen Ausschnitten gesagt?

1. Krönung von Königin Elizabeth II., 1953

2. Erste Meile unter vier Minuten, 1954

3. Erster Mensch auf dem Mond, 1969

A. „Ein kleiner Schritt für einen Menschen, ein großer Sprung für die Menschheit."

B. „Ich danke Ihnen allen von ganzem Herzen."

C. „Nur weil alle sagen, es sei unmöglich, heißt das nicht, dass man es nicht schaffen kann."

Wer spricht da?

Hier steht das Modell eines Klappenschranks aus dem frühen 20. Jahrhundert. Damit wurden Anrufer per Hand mit den Personen verbunden, die sie sprechen wollten. Wer ruft wen an? Trage die Namen ein.

1. Folge dem grünen Kabel von jedem Namen zur EIN-Buchse.
2. Folge dem AUS-Kabel direkt darüber und finde die Buchse, in die es eingesteckt ist.
3. Sieh die Kombination aus Buchstabe und Zahl in der Liste unten nach.

Empfänger

B1 Jakob
D2 Ava
G1 Sibel
H5 Alex

(Gehe vom Buchstaben nach *unten* und dann nach *links*, um die dazugehörige Zahl zu finden.)

Leichter und leichter

Mobiltelefone sind mit der Zeit immer kleiner und leichter geworden. Ordne den verschiedenen Geräten auf dem Regal die Dinge mit ähnlichem Gewicht zu, um zu sehen, wie weit die Technik inzwischen fortgeschritten ist.

Autotelefon, 1946 | Schnurlostelefon, 1984 | Klapphandy, 1989 | Smartphone, 2017

A – Eichhörnchen, 350 g

B – Teekanne, 800 g

C – Banane, 100 g

D – junger Hirsch, 36 kg

Geheime Türme

Sami führt Besuchern vor, wie Türme mit beweglichen Armen früher dazu genutzt wurden, codierte Nachrichten zu übermitteln. Entschlüssele mithilfe der Legende das Wort unten und finde heraus, wo diese Türme erfunden wurden.

Der erste Telegraf

Im 18. Jahrhundert baute Claude Chappe ein ganzes Netzwerk solcher Türme. Die verschlüsselten Nachrichten waren über Entfernungen von bis zu 30 Kilometern sichtbar. Er nannte seine Erfindung „télégraphe", was auf Griechisch „fernschreiben" bedeutet.

....

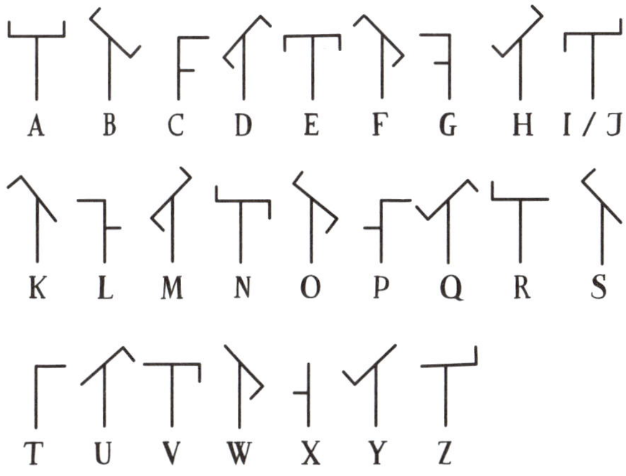

FILMMUSEUM

Dieses Museum präsentiert Besucherinnen und Besuchern die Geschichte von Fotografie, Film und Animation.

Ernste Gesichter

Vor 150 Jahren dauerte es bis zu einer Stunde, um eine einzige Fotografie zu machen. Deswegen schauen die Menschen auf alten Aufnahmen oft etwas unfreundlich drein. Es ist schwierig, so lange zu lächeln.

Familienschnappschuss

Dieses Familienfoto wurde vor 100 Jahren gemacht. Findest du vier Dinge darauf, die es damals noch gar nicht gab?

Szenen-Wirrwarr

Für einen Zeichentrickfilm wird zunächst ein Storyboard gezeichnet. Ein solches Szenenbuch, das die Geschichte skizziert, ist hier ausgestellt. Doch die einzelnen Bilder sind durcheinandergeraten, als das Exponat umgezogen ist. Trage die Zahlen 1 bis 6 in die Kreise ein, um sie zu sortieren.

Greenscreen-Erlebnis

„Greenscreens“ werden für Spezialeffekte in Filmen eingesetzt, um einen digitalen Hintergrund zu erstellen, der eigentlich gar nicht da ist. Diese Kinder wollen im Museum einen Greenscreen ausprobieren. Kannst du einen Hintergrund für sie erstellen? Bemale die Seite oder verwende die Aufkleber von den Stickerseiten für eine Reise ins Weltall, eine Unterwasserwelt oder eine urzeitliche Kulisse.

WENN ES DUNKEL WIRD

Wenn die letzten Besucher abends die Ausstellung verlassen, ist die Arbeit im Museum noch lange nicht zu Ende. Sicherheitsleute inspizieren die Räume und das Reinigungspersonal macht alles sauber für den nächsten Tag. Manchmal gibt es sogar besondere Veranstaltungen, zum Beispiel Übernachtungen, bei denen die Teilnehmer ihre Schlafsäcke zwischen den Ausstellungsstücken ausrollen können.

Suchspiel

Nach verschiedenen Spielen und anderen Aktivitäten während der Museumsnacht ist es nun Zeit, die Lichter auszuschalten. Findest du alle Dinge auf der Liste unten?

ein verloren gegangener Teddybär
sieben rote Schlafsäcke
eine Statue im Schlafanzug
drei gelbe Brotdosen
ein Eimer und ein Besen
zwei fotografierende Besucher
jemand, der schnarcht

Heiße Schokolade

Museumshelfer Harald bereitet heiße Getränke für die Gäste zu. Alle, die schon im Schlafsack sind, sollen einen Kakao bekommen. Gibt es genug Tassen?

Kunstraub

Der bislang größte Kunstraub weltweit fand in der Nacht statt. Zwei Männer in Polizeiuniform stahlen 13 Kunstwerke im Wert von 500 Millionen US-Dollar aus einem Museum in Boston (USA). Zum Raubgut gehörten unter anderem Bilder von Vermeer und Rembrandt. Weder die gestohlenen Werke noch die Diebe wurden jemals gefunden.

Kontrollgang

Wärter Sebastian geht nachts stündlich durchs ganze Museum, um nach dem Rechten zu sehen. Hilf ihm, eine Route zu finden, die nur einmal durch jeden Raum führt. Starte in der Eingangshalle.

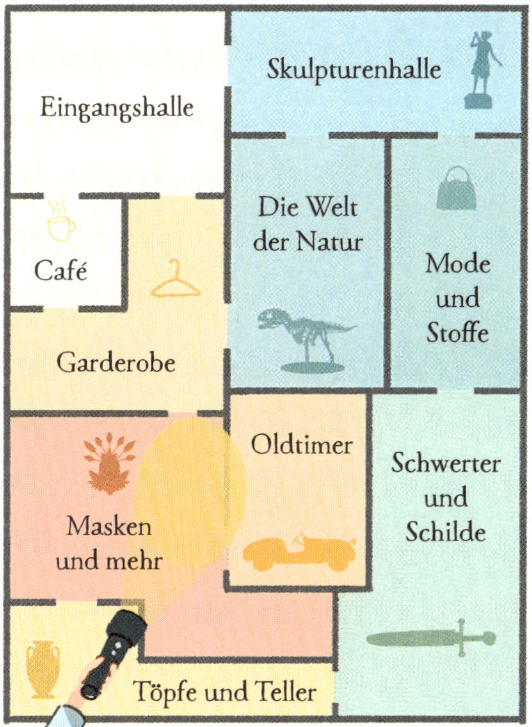

GESTALTUNG UND DESIGN

Fast alle Dinge, die du täglich verwendest, wurden von irgendjemandem entworfen. In Designmuseen werden die verschiedensten Gegenstände ausgestellt – von den jüngsten Innovationen bis hin zu klassischen Kreationen aus der Vergangenheit.

Auf die tierische Art

Dieses Museum stellt eine Ausstellung mit Dingen zusammen, deren Design von Tieren inspiriert wurde. Die Buchstaben in der Liste sind jedoch durcheinandergeraten. Entschlüssele die Wörter und schreibe die Namen der Tiere, die als Inspiration dienten, unter die Exponate.

NELSCHAG

WEÖL

ROODKILK

TEKZA

LAETENF

UPAF

LAREDOP

BERZA

1.

2.

3.

4.

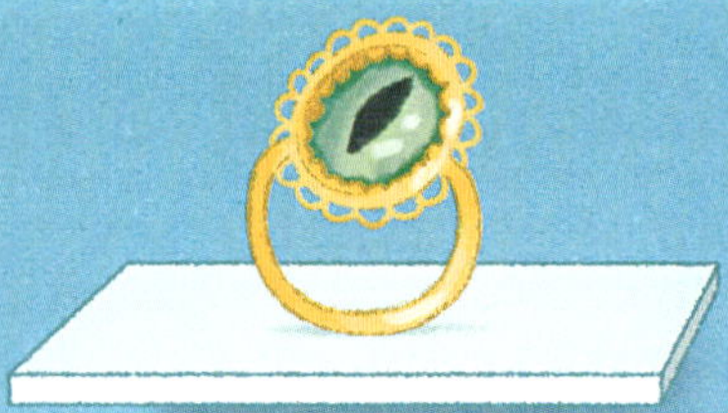

5.

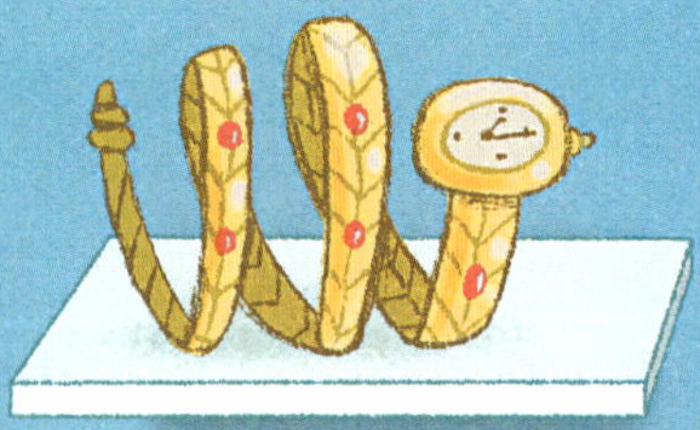

6.

7.

8.

Entwirf ein Logo

Dieses Designmuseum hat einen Wettbewerb für die Gestaltung seines neuen Logos ausgerufen. Kannst du diesen Schriftzug neu gestalten? Lass dich dabei von den Ideen unten inspirieren.

DESIGN
MUSEUM

Hier sind einige Ideen. Du könntest jeden Buchstaben in einem anderen Stil zeichnen.

Die erste Druckerpresse

Im Gutenberg-Museum in Mainz steht die Nachbildung der Werkstatt von Johannes Gutenberg, der vor fast 600 Jahren die Druckerpresse erfand. Zuvor mussten Bücher mit der Hand abgeschrieben werden. Dadurch waren sie so teuer, dass sich nur sehr reiche Menschen Bücher leisten konnten.

ALLES IM RAHMEN

Bevor ein Kunstwerk in einem Museum ausgestellt wird, arbeitet ein ganzes Team von Fachleuten daran, es vorzubereiten. Kannst du helfen, diese Gemälde für die Ausstellung fertig zu machen?

Rahmenwahl

Ein geeigneter Rahmen kann ein Gemälde besonders zur Geltung bringen. Wähle die Gemäldeaufkleber von den Stickerseiten, die deiner Meinung nach am besten in diese Rahmen passen.

Unmögliche Blüten

Die Blumen in diesem Gemälde blühen nicht alle zur selben Jahreszeit. Die Künstlerin muss den Strauß also aus ihrer Vorstellung gemalt haben. Zähle die Blüten und vervollständige die Beschriftung unten.

.... Lilien

.... Schwertlilien

...... Rosen

.... Tulpen

...... Narzissen

.... Pfingstrosen

Seidene Pracht

Die Seidenfäden in diesem iranischen Wandteppich sind im Laufe der Zeit verblichen. Male die Muster farbig aus, um den Teppich zu restaurieren. Verwende leuchtende Farben, die an Juwelen erinnern.

Leere Rahmen

Bemale diese Gemälde, um deine ganz persönliche Kunstausstellung zu schaffen.

Füge diesem Porträt Gesicht und Haare hinzu.

Du könntest ein Schloss auf den Hügel zeichnen, mit einem stürmischen Himmel im Hintergrund.

Male die Formen in diesem abstrakten Gemälde bunt aus.

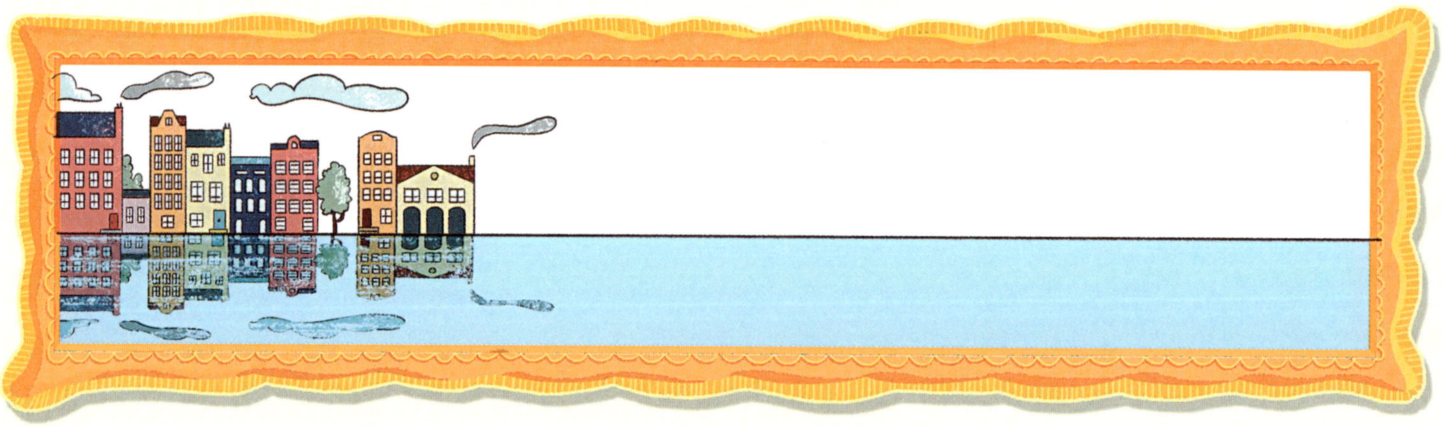

Setze die Häuserreihe fort. Vergiss nicht die Spiegelungen der Gebäude im Wasser.

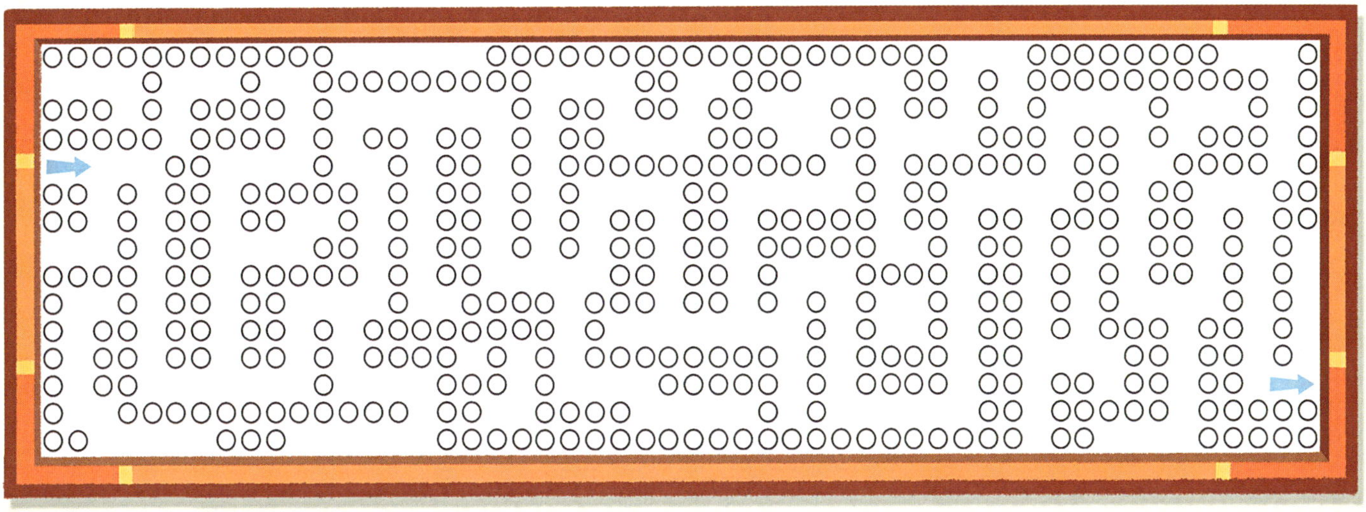

Finde einen Weg von der einen Seite des Labyrinths zur anderen. Male die Punkte anschließend farbenfroh aus.

Füge heiße rote Lava hinzu, die aus dem Vulkan ausbricht.

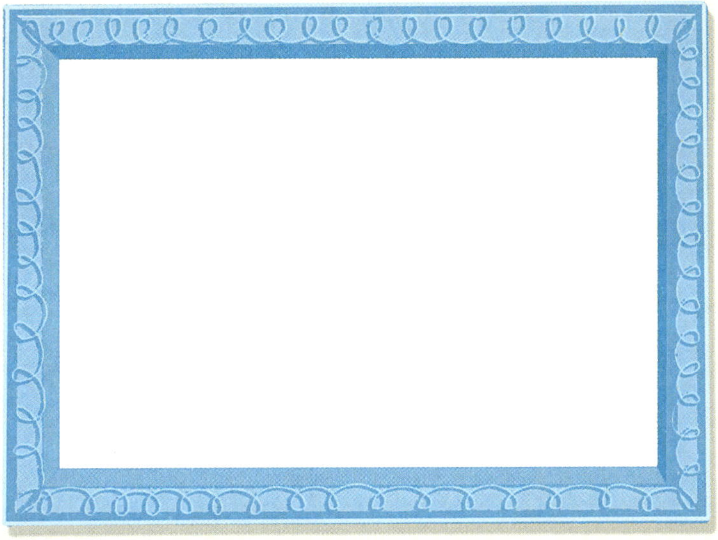

Male Skulpturen auf die Sockel unten.

NACH DAMALIGER MODE

Modemuseen präsentieren historische Kleidung und Schmuck, um zu zeigen, wie sich Mode verändert hat. Sie haben oft auch Kostüme und Kopfbedeckungen zum Anprobieren.

Antike Accessoires

Smaragde waren bei römischen Schmuckherstellern beliebt, da ihnen heilende Kräfte zugeschrieben wurden. Welcher dieser römischen Smaragdohrringe hat kein passendes Gegenstück?

Fächersprache

Im 18. Jahrhundert nutzten Frauen eine „Fächersprache“, um bei Festen mit Freundinnen und Bewunderern durch den ganzen Raum zu kommunizieren. Falte deinen eigenen Fächer und lerne einige der Gesten.

Ja.
Halte den Fächer an deine rechte Wange.

Nein.
Halte den Fächer an deine linke Wange.

Folge mir.
Trage den Fächer vor deinem Gesicht.

Wir werden beobachtet.
Drehe den Fächer in deiner linken Hand hin und her.

Hüte mein Geheimnis.
Bedecke dein linkes Ohr mit dem Fächer.

Wir wollen Freunde sein.
Lass den Fächer neben dir herunterhängen.

Falte einen Fächer

1. Nimm ein rechteckiges Stück Papier und falte an einem Ende einen schmalen Streifen.

2. Wende das Papier und falte einen weiteren schmalen Streifen. Mach immer so weiter.

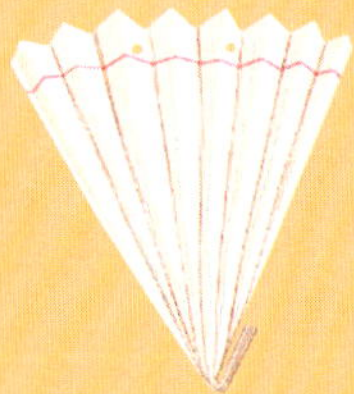

3. Halte das gefaltete Papier an einem Ende zusammen und ziehe den Fächer oben auseinander.

Historische Hüte

Diese Nachbildungen von Kopfbedeckungen können von Besucherinnen und Besuchern anprobiert werden. Bei der Beschriftung ist jedoch etwas schiefgegangen. Schreibe den richtigen Buchstaben auf die Schilder.

A. Haube oder *Hennin*, von adeligen Damen im 15. Jahrhundert getragen

B. Strohhaube, aus den 1850ern, unter dem Kinn zusammengebunden

C. Rauchermütze aus Samt, von Männern im 19. Jahrhundert im Haus getragen

D. Hut mit Blumenmuster und einer langen Feder, aus den 1970er-Jahren

E. Paillettenkappe, in den 1920er-Jahren von Jazztänzerinnen getragen

Stilquiz

Teste dein Wissen mit diesem Quiz aus dem Modemuseum.

1. Richtig oder falsch? Die Frauen im alten Rom nutzten Bleipuder, um ihr Gesicht aufzuhellen, obwohl sie wussten, dass das Puder giftig ist.

   RICHTIG / FALSCH

2. Im 16. Jahrhundert stopfte man Ärmel zu modischen Puffärmeln aus. Was wurde *nicht* zum Ausstopfen benutzt?

   a) Sägemehl b) Rosshaar c) Seidenfäden

3. Wie viele Perückenmacher hatte König Ludwig XIV. von Frankreich, um sicherzugehen, dass sein kahler Kopf stets modisch bedeckt war?

   a) 4 b) 16 c) 48

4. Im Taschenmuseum in Amsterdam gibt es eine Tasche in Form …

   a) von Lippen.
   b) einer aufgerollten Zeitschrift.
   c) einer schlafenden Katze.
   d) all dieser Dinge.

5. Richtig oder falsch? Im 19. Jahrhundert galt es bei Herren als letzter Schrei, statt Handschuhen Socken an den Händen zu tragen.

   RICHTIG / FALSCH

ATEMBERAUBENDE SCHÄTZE

In Museen werden oftmals unbezahlbare Schätze gezeigt, die von Meistern ihres Handwerks aus kostbaren Materialien hergestellt wurden. Diese Exponate werden sorgfältig gepflegt und fachgerecht präsentiert, damit sie genauso aussehen wie zu der Zeit, als sie erschaffen wurden.

Kronjuwelen

Königliche Familien schenken oder leihen Museen oftmals Kronen aus ihren Schatzkammern. Findest du die rechts gezeigten Details in den königlichen Kronen wieder? Male anschließend alle Ausstellungsstücke bunt aus.

österreichische Krone
17. Jahrhundert

iranische Krone
20. Jahrhundert

englische Diamantkrone
17. Jahrhundert

Krone aus Ghana
20. Jahrhundert

chinesische Krone
4. Jahrhundert

pelzbesetzte russische Krone
17. Jahrhundert

Juwelen der Welt

Diese Juwelen sollen in einer Ausstellung wertvoller Schmuckstücke aus der ganzen Welt präsentiert werden. Vervollständige die Beschriftungen, indem du die Namen der jeweils verwendeten Edelsteine unter die Exponate schreibst.

...................-Ohrgehänge
aus Portugal

Gold- und ....-Halskette
aus Afghanistan

Smaragd- und
................-Ring
aus Indien

................-Brosche
aus England

..................-Anhänger
aus Japan

Unbezahlbarer Diamant

Einer der größten Diamanten der Welt ist im Tower von London ausgestellt. Er befindet sich oben an einem goldenen Stab, dem sogenannten Krönungszepter. Die Königinnen und Könige von England halten dieses Zepter bei ihrer Krönung in der Hand.

Edelstein-Sudoku

Fülle diese Vitrine mit Edelsteinen, sodass jede Spalte, Reihe und jeder Viererblock einen Stein jeder Sorte enthält.

ETHNOLOGISCHE SAMMLUNG

Ethnologische Museen vermitteln, wie Menschen in verschiedenen Teilen der Erde leben. Manche Ausstellungsstücke stammen von Volksgruppen, die nur sehr wenig Kontakt mit der Außenwelt haben.

Vögel und Federn

Dieser Kopfschmuck wurde dem Museum von einem Stamm geschenkt, der in einem abgelegenen Teil von Guyana in Südamerika lebt. Richte dich nach den Zahlen und bemale ihn so, dass die Federn den Farben der Vögel entsprechen, von denen sie stammen.

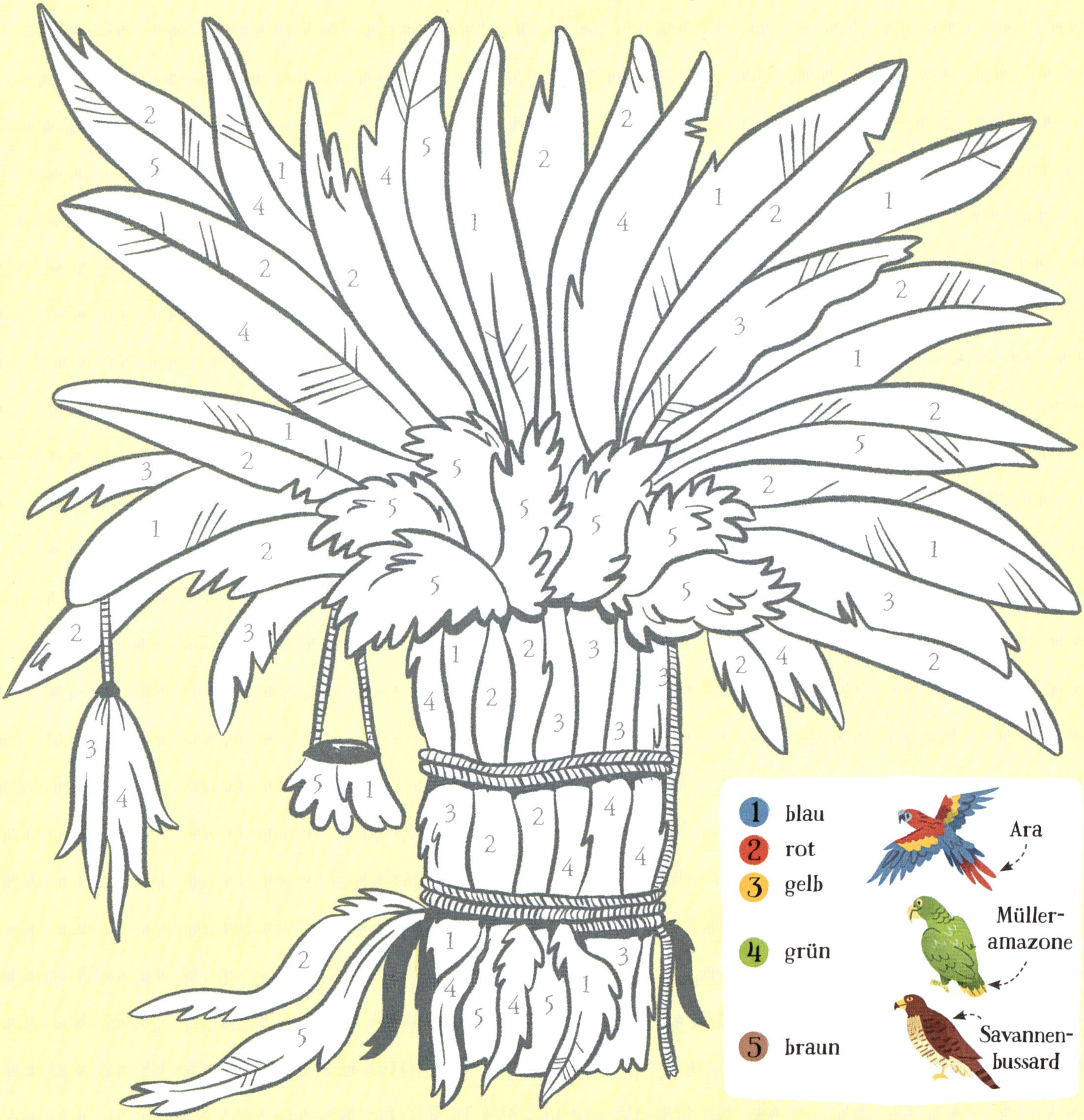

Verborgene Masken

Die Beleuchtung dieser Ausstellungsvitrine geht erst an, wenn jemand daran vorbeigeht, denn zu viel Licht könnte den Masken schaden. Kannst du die vier Umrisse den beleuchteten Masken zuordnen?

1. Initiationsmaske
Guinea

2. Vogelmaske
Sri Lanka

3. Geistermaske
Sundainseln

4. Jägermaske
Alaska

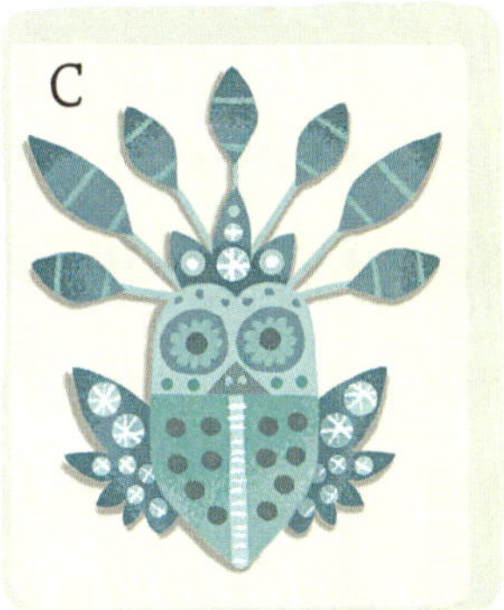

Die Karte zeigt, wo die Masken oben herkommen. Lies die Hinweise und schreibe die Zahl der jeweiligen Maske ins richtige Feld.

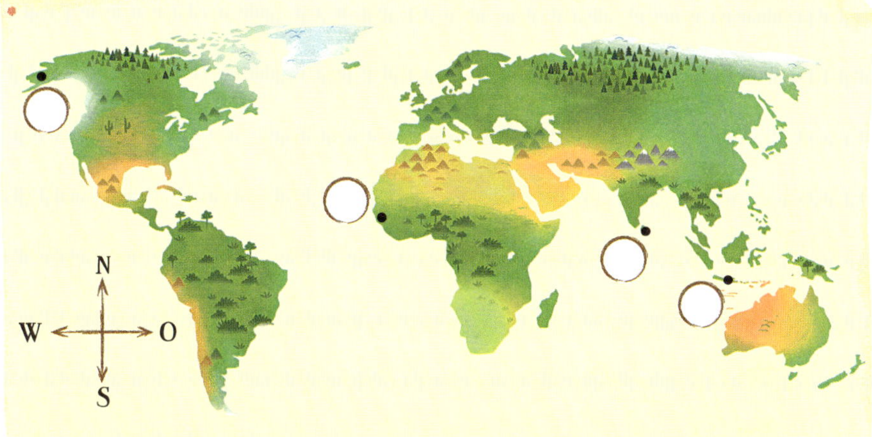

- Guinea liegt weiter westlich als die Sundainseln.
- Sri Lanka liegt weiter südlich als Guinea.
- Alaska ist der nördlichste Ort von allen.
- Die Sundainseln liegen östlich von Sri Lanka.

Walross-Sonnenbrille

Einige der ältesten Sonnenbrillen der Welt sind im Seattle Art Museum in den USA ausgestellt. Die Volksgruppen der Inuit, die im Norden Kanadas leben, schnitzten sie vor rund 1000 Jahren aus den Stoßzähnen von Walrossen.

KABINETT DER KURIOSITÄTEN

Die ersten Museen waren Räume mit seltenen und ungewöhnlichen Objekten, die vor Jahrhunderten von wohlhabenden Bürgern gesammelt und ausgestellt wurden. Diese Sammlungen, die auch Kuriositätenkabinette genannt wurden, sollten Wissbegierde, Kreativität und Forschergeist fördern.

Falsche Herkunft

Zur Zeit der ersten Kuriositätenkabinette waren viele Dinge, die uns heute bekannt sind, noch gar nicht entdeckt. Objekte wurden oftmals falsch benannt oder beschriftet, weil die Sammler sie für magische Gegenstände oder Teile von mythischen Lebewesen hielten.

Bringe die Buchstaben in die richtige Reihenfolge, um die ursprünglichen Bezeichnungen herauszufinden.

Narwal-Stoßzahn

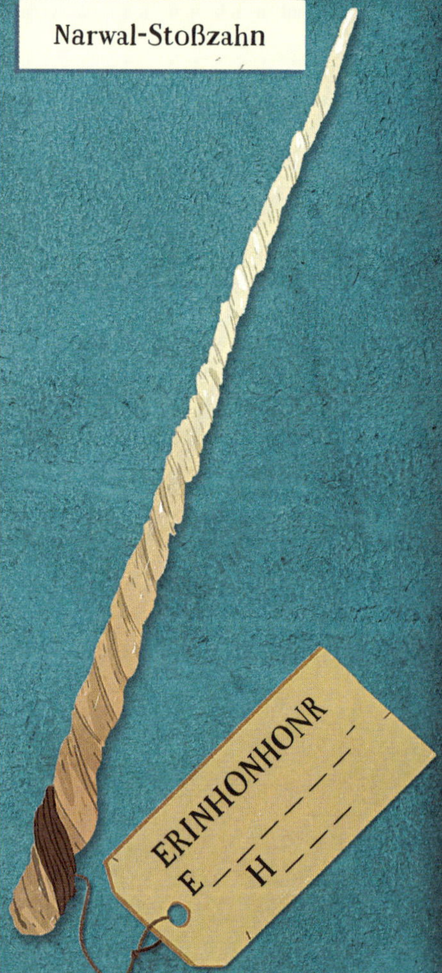

Ammonitenfossil

Pfeilspitze aus der Steinzeit

Diplodocus-Knochen

Wunderschränkchen

Kleine Objekte wurden in sogenannten „Kleinodien-Schränken“ ausgestellt. Bei manchen war die Rückwand aus Glas, sodass die Gegenstände von allen Seiten betrachtet werden konnten. Wirf einen Blick auf den Schrank unten, zuerst von vorn, dann von hinten. Kreise die fünf Objekte ein, die nicht übereinstimmen.

Hinweis: Denk daran, dass alles aussieht, als wäre es spiegelverkehrt.

Erzählende Exponate

Viele frühe Sammler arrangierten Objekte, um eine Geschichte zu erzählen. Überlege, welche Begebenheit hinter der kuriosen Zusammenstellung in diesem Bild stecken könnte. Schreibe deine Idee rechts auf.

MUSEUMSSHOP

In den meisten Museen gibt es einen Laden mit Postern, Büchern, Postkarten, Stiften, Taschen, Spielsachen und Geschenken. Das dort eingenommene Geld fließt in den Betrieb des Museums.

Gutes Geschäft

Diese beiden Bilder zeigen einen Museumsshop am Anfang und am Ende eines Tages. Kannst du sieben Lücken ausmachen, wo etwas stand, das verkauft wurde? Findest du außerdem fünf Dinge, die jemand an der falschen Stelle zurück ins Regal gestellt hat?

MUSEUMSCAFÉ

Der Besuch eines Museums ist faszinierend und inspirierend, aber er kann auch anstrengend sein. Höchste Zeit für eine kleine Stärkung im Museumscafé.

Wer bekommt was?

Familie Kruse hat einige Getränke und Snacks gekauft. Jedes Familienmitglied hat ein Tablett, nur leider das falsche. Kannst du jeder Person das richtige Tablett zuordnen?

Köstliche Kuchen

In diesem Museum gibt es leckere Kuchen, die von historischen Personen inspiriert sind. Heute gibt es drei verschiedene Sorten im Angebot. Rechne aus, wie viele Stücke insgesamt verkauft wurden.

ALLERLEI AUTOMOBILE

Spezielle Museen stellen historische Fahrzeuge und Oldtimer in allen Größen und Formen aus. Hier kannst du alte Autos, Motorräder, Lastwagen und Busse bestaunen.

Oldtimer-Omnibus

Dieser Bus soll demnächst ausgestellt werden, aber jemand hat ein falsches Vorderrad montiert. Findest du in dem Haufen ein zum Hinterrad passendes Ersatzrad?

Andere Autoformen

Die Formen von Autos haben sich im Laufe der Zeit stark gewandelt. Hier sind Automobile aus verschiedenen Jahrzehnten zu sehen. Kannst du sie den Jahreszahlen zuordnen, die rechts aufgelistet sind?

A. 1880er-Jahre
Einige der ersten Automobile hatten nur ein Vorderrad.

B. 1900er-Jahre
Autos sahen immer mehr aus wie heutige Modelle.

C. 1920er- und 1930er-Jahre
Motorsport und Autorennen wurden populär.

D. 1940er-Jahre
Amerikanische Autohersteller entwarfen sehr viel größere Modelle.

E. 1950er und 1960er-Jahre
Kleinwagen kamen als günstige Alternative auf den Markt.

Fahrzeugsuche

Tina besucht ein Museum und hat eine Liste der Dinge mitgebracht, die sie sehen möchte. Findest du sie alle? Kreise die Fahrzeuge ein.

ein Lastwagen, mit dem Milch ausgeliefert wurde
ein silbernes Auto mit einer 83 auf der Tür
ein blaues Motorrad
ein rotes Auto mit einem schwarzen Dach
ein gelbes Auto mit einem roten Streifen
ein grünes Auto mit einer Beule in der Tür

Findest du zwei Autos, die exakt gleich aussehen?

In der Motorwelt

Eine dieser Aussagen ist unwahr. Weißt du, welche es sein könnte?

A. Die ersten Busse mit Motoren wurden in den 1890er-Jahren gebaut. Vorher wurden sie von Pferden gezogen.

B. Manche Autos haben Flügeltüren, die sich nach oben öffnen und nicht zur Seite. Die ersten Modelle dieser Art wurden in den 1950er-Jahren gebaut.

C. 1962 wurde ein Bus gebaut, der auch als Flugzeug genutzt werden konnte. Die Flügel ließen sich zwischen die Räder klappen.

D. Elektroautos sind keine neue Erfindung. Die ersten Modelle wurden bereits Mitte des 19. Jahrhunderts gebaut.

E. Seit 2010 sind mehr als eine Milliarde (1 000 000 000) unterschiedlicher Kraftfahrzeuge weltweit auf den Straßen unterwegs.

GALEONEN-NACHBAU

Manche Museen zeigen, wie das Leben von Seefahrern, Kaufleuten, Entdeckern oder Kapitänen an Bord eines Schiffes früher aussah. Dieser Nachbau einer Galeone aus dem 16. Jahrhundert, auf der man von Deck zu Deck laufen kann, ist selbst ein Museum.

Krähennest-Ausblick

Tom steht im Krähennest, dem höchsten Aussichtspunkt auf dem Schiff. Kannst du ihm helfen, alle Dinge auf der Liste zu erspähen? Male dann den Rest des Schiffes farbig aus.

ein Anker	sechs Kanonen	zwei Möwen
eine Hängematte	ein Löwenwappen	eine Lampe

Schiffstaufe

Vor Hunderten von Jahren wurden Schiffe mit einem feierlichen Akt vom Stapel gelassen, bei dem Wein aus einem wertvollen Becher auf das Schiff gegossen und sein Name geflüstert wurde. Kannst du den Namen dieses Schiffes entschlüsseln?

OLNGEDE ÖNWIL

Von der See konserviert

Im Vasa-Museum im schwedischen Stockholm befindet sich das weltweit am besten erhaltene Schiff aus dem 17. Jahrhundert. Die Vasa sank im Jahr 1628 und war 333 Jahre lang im kalten Schlamm des Meeresgrunds konserviert, bis sie ausgegraben und an die Oberfläche gebracht wurde.

Seemannsknoten

An Bord findet gerade eine Lektion zum Knüpfen von Knoten statt. Welche Seile bilden einen Knoten, wenn du an ihren losen Enden ziehst?

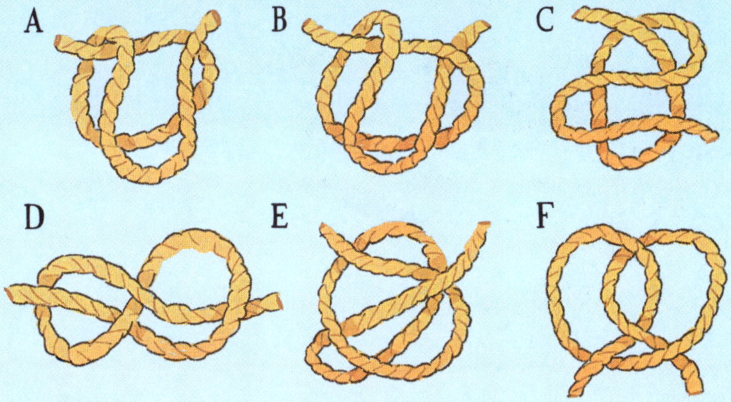

Schiffsreparatur

Dieser Zimmermann repariert eine Galeone aus dem 16. Jahrhundert. Dafür verwendet er dieselben Holzarten wie zur damaligen Zeit. Ordne jede Holzart dem Teil des Schiffes zu, für dessen Reparatur sie am besten geeignet ist.

1. Ulme Zäh und verrottet nicht im Wasser	**A. Mast** Hoher Pfosten, der die Segel trägt
2. Kiefer Leicht und sehr lang	**B. Rumpf** Der Körper des Schiffes
3. Eiche Stark und langlebig, das gängigste Holz für den Schiffbau	**C. Kiel** Der Boden des Schiffes, der im Wasser liegt

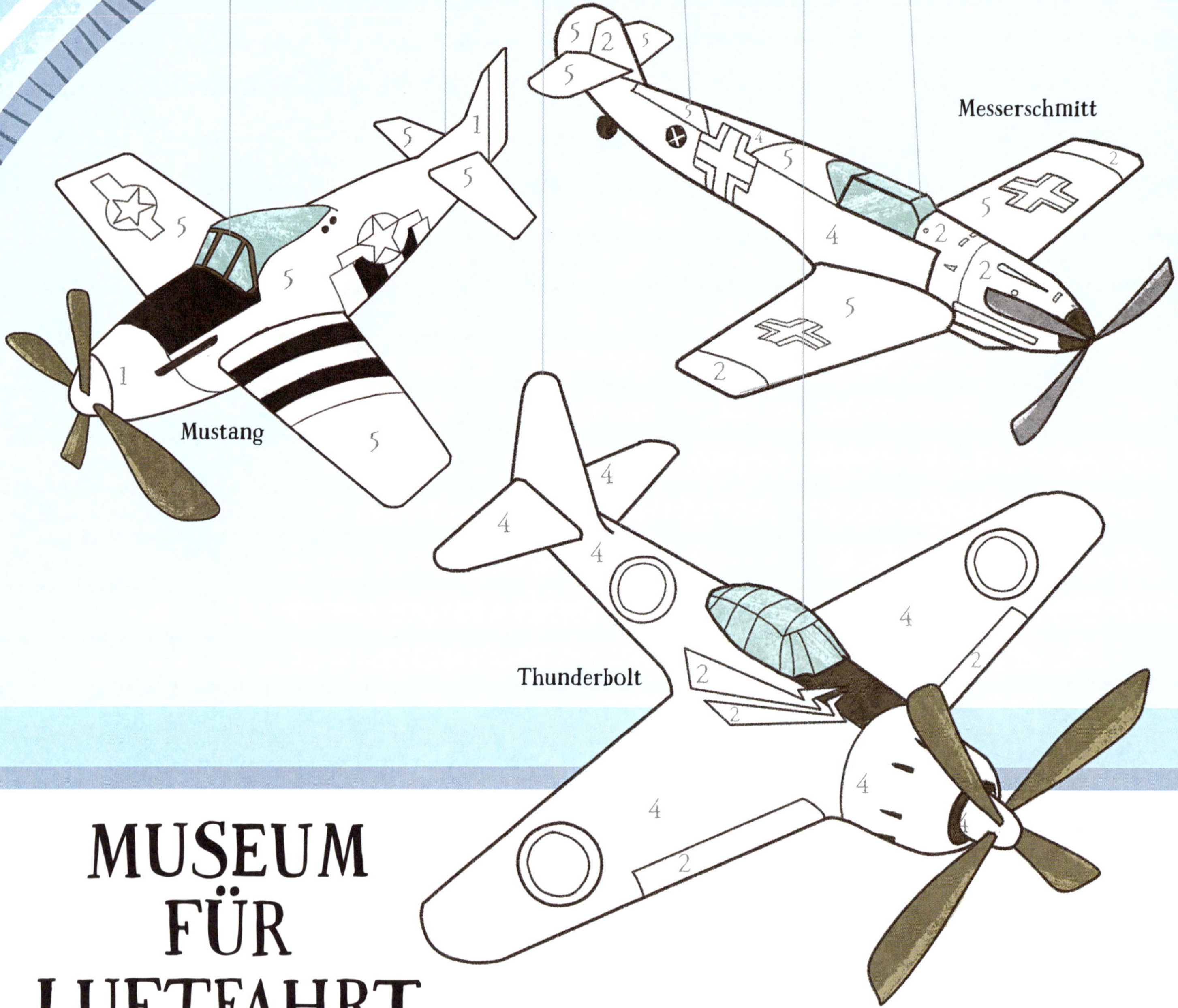

MUSEUM FÜR LUFTFAHRT

Hier lernst du, welchen Einfluss Flugzeuge auf das Weltgeschehen hatten und wie es überhaupt möglich ist, dass sie fliegen können.

Lackierarbeiten

Bemale die Flieger in dieser Ausstellung zum Zweiten Weltkrieg. Folge dabei der Farbpalette unten.

Die Insignien eines Flugzeugs geben an, aus welchem Land es stammt. Male die Insignien auf den Flugzeugen oben so an, wie hier dargestellt.

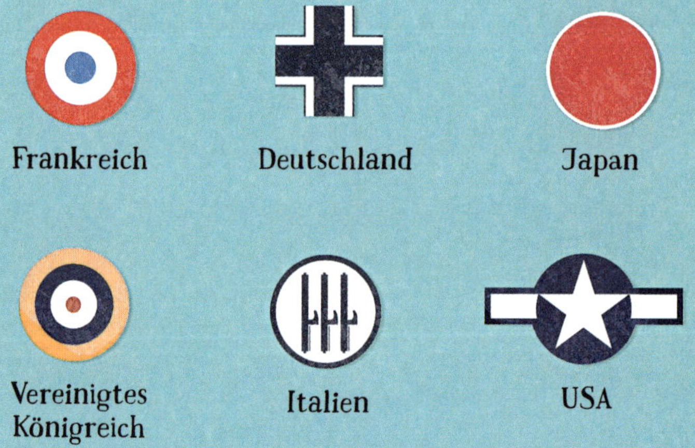

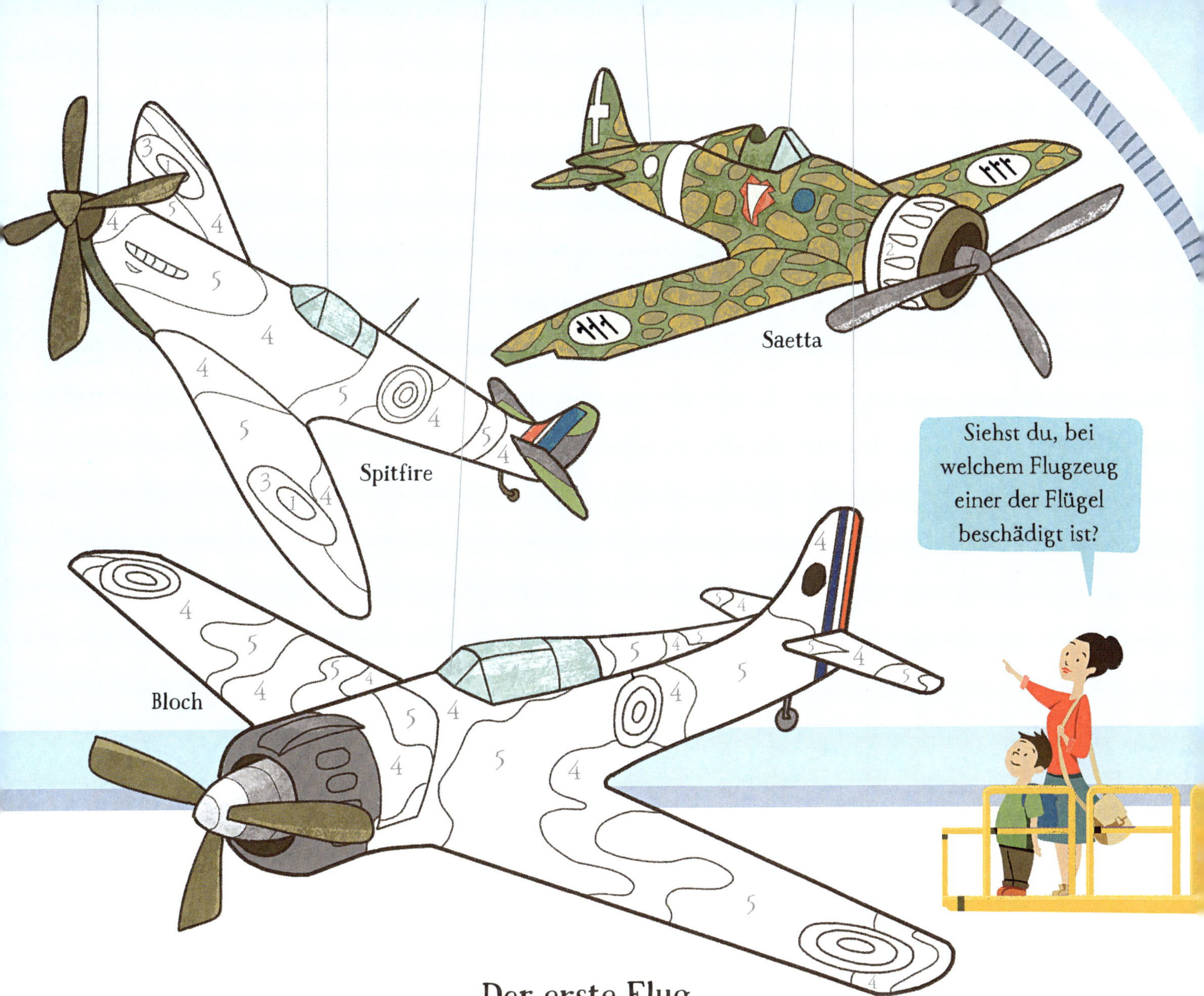

Der erste Flug

Die amerikanischen Brüder Orville und Wilbur Wright bauten und flogen 1903 das allererste Flugzeug. Dieses Museum besitzt eine Kopie der Nachricht, die sie ihrem Vater schickten, um ihm davon zu berichten. Lies den Text sorgfältig und überlege, ob die Aussagen unten RICHTIG oder FALSCH sind.

THE TELEGRAPH COMPANY

EMPFANGEN

Betreff: Kitty Hawk NC 17. Dez.

An: Bischof M. Wright
7 Hawthorne Street

Erfolg vier Flüge Donnerstagmorgen alle gegen einundzwanzig Meilen Wind Start aus Ebene nur mit Motorkraft Geschwindigkeit durch Luft einunddreißig Meilen längster Flug 57 Sekunden informiere Presse zurück an Weihnachten.

Orville Wright

1. Das Flugzeug war weniger als eine Minute in der Luft.
2. Die Brüder Wright unternahmen an dem Tag nur einen Flug.
3. Die Brüder teilten ihrem Vater mit, sie kämen an Weihnachten nach Hause.
4. Die Durchschnittsgeschwindigkeit des Flugzeugs betrug 21 Meilen pro Stunde.

PLAKATIVE POSTER

Die meisten Museen verfügen über ständige Sammlungen, aber sie zeigen auch vorübergehende Ausstellungen zu bestimmten Themen. Dafür entwerfen sie Poster, um viele Besucher anzulocken. Koloriere die Poster auf dieser Seite.

GROSSE MUSEUMSTOUR

Findest du eine Route zu allen Museen der Stadt? Du darfst nicht zurückgehen und kein Museum auslassen!

LÖSUNGEN

4–5 RUNDGANG DURCHS MUSEUM

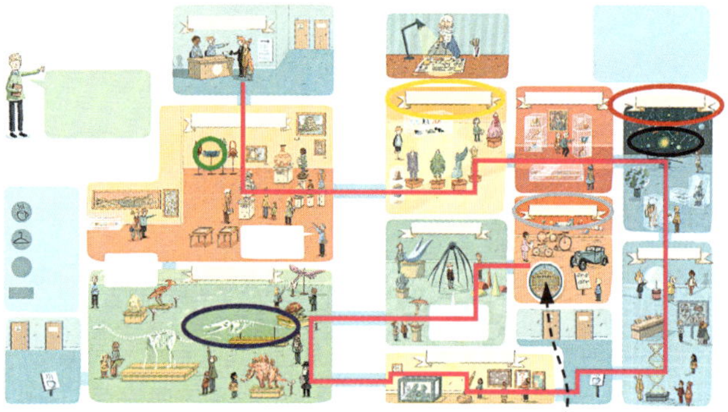

Gustav gefällt dieser Raum am besten.

Museumsplan: Es gibt zwei Cafés, einen Informationsschalter, drei Garderoben, neun Ausstellungsräume und drei Ausgänge.

Verdrehte Namen:
- Dinge in Bewegung
- Mode
- Weltraum

Sprechblasen:
- Maske ohne Hörner
- Walskelett
- Planetenmodelle

6–7 EINGANGSHALLE

Iwan und seine Freunde

8–9 AUSSTELLUNGSSTÜCKE

Weltmusik:

Inuit-Trommel (über Vancouver)	=	8 h 20 min
Panflöte (über Mexiko-Stadt)	=	14 h 15 min
Balafon (über Marrakesch)	=	11 h 35 min
Balalaika (über Moskau)	=	18 h 05 min
Didgeridoo (über San Francisco)	=	20 h 25 min

Wertvolle Fracht: Dieses Paket kam nicht an.

Depot:

10–13 SKULPTUREN UND RELIEFS

Gut verpackt: C

Besuch aus China: 1 und 6 tragen die gleichen Stiefel, 6 hat einen Vollbart.

Wer ist wer?

A = Raijin
B = Ganesha
C = Horus
D = Buddha
E = Diana
F = Juno

Hingeschaut:

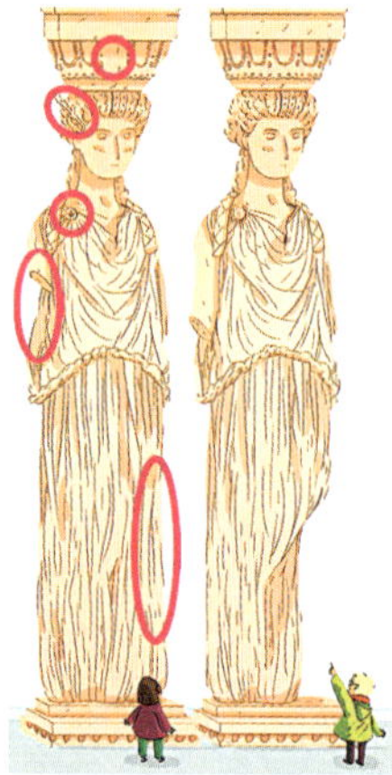

Steinerne Erzählung:

14–15 JEDE MENGE TÖPFE

Alle Größen und Formen:

Druckmuster:
A = Seil
B = Stoff
C = Fingerspitzen

Das Netz wurde nicht verwendet.

16–17 RESTAURIERUNG

Zerbrochene Vase:

Finde die Unterschiede:

Restauriere einen Helm:

Er sollte so aussehen:

Finde den Weg:

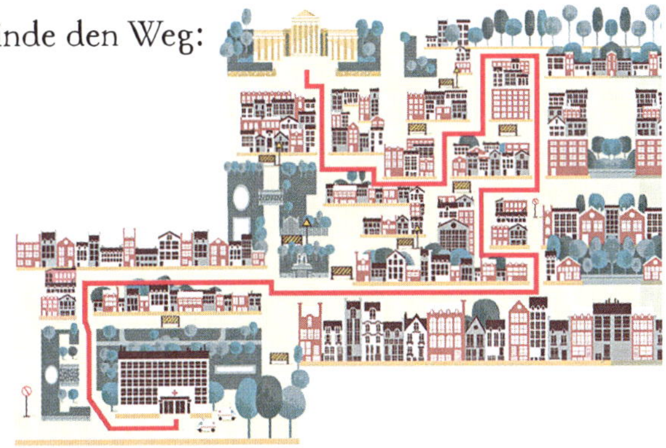

20–21 LEBENDIGES MUSEUM

Wohin soll's gehen?

Noah sollte das Belmont-Museum der Eisenzeit besuchen.

Dorflabyrinth:

Freiwillig verkleidet: C trägt die korrekte Uniform.

Küchenhilfe:

22–23 MENSCHEN DER FRÜHZEIT

Originelle Schnitzereien:

A = Schafbock aus Kalkstein
B = Mammut aus Elfenbein
C = Pferd aus Elfenbein
X = Löwe aus Sandstein

Aus der Zeit gefallen: Die sechs Gegenstände sind: eine Brille, ein Schwert, ein Plastikeimer, Gummistiefel, ein Metallhelm und eine Armbanduhr.

Sprechende Bilder: 1 = D, 2 = B, 3 = A, 4 = C

24–25 ALLTAGSGEGENSTÄNDE

Schattenspiele:

Der verschwundene Küchengegenstand sieht so aus.

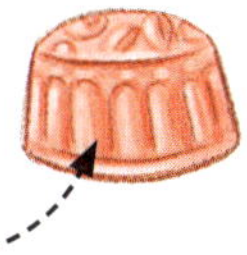

Uhrenvergleich:

A = Füge 35 min hinzu. B = Ziehe 20 min ab.

Buntstiftmuster:

Knopfkästchen:

26–27 SCHRIFTLICHE AUFZEICHNUNGEN

Code aus Kreta:

Diese Zeichenfolgen wurden nicht aufgeschrieben.

Liebes Tagebuch …:

Parzival Montgomery ist 30.
Elise Wiebusch ist 77.
Sven Udert ist 27.

Zeitkapsel:

Wir haben einen Code erstellt für den, der unsere Zeitkapsel findet. Wir haben sie im Jahr achtzehnhundertsiebzehn vergraben. Nicht in den nächsten zweihundert Jahren aufmachen!

28–29 SPIELZEUGMUSEUM

Kreiselwettbewerb:
Der rote Kreisel drehte sich am längsten.

Papier-Puppen: Melisande = c, A
Matilda = b, C
Minerva = a, B

30–31 ANTIKE SPIELE

Knobeln wie die Römer: Beide Spieler kommen auf 17 Punkte. Das Spiel ist unentschieden.

Steinauge, sei wachsam!:

Zwei orangefarbene Steine und zwei grüne Steine wurden bewegt.

Würfelei:

B

Schwarz und Weiß:

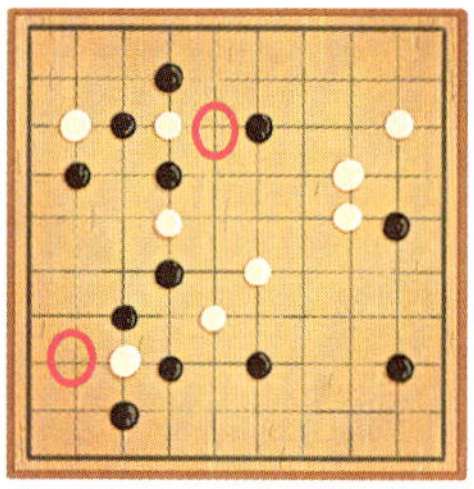

32–33 MUSEUMSFÜHRUNG

Plane eine Tour:

Kabelsalat:

Pierre = C
Boris = B
Linda = D

Perfektes Timing:

Stefanies nächste Tour beginnt um 13:30 Uhr, Tims um 13:20 Uhr und Mischas um 13:50 Uhr.

34–35 WISSENSCHAFTSMUSEUM

Versuchslabor: Die Glühbirne in der Mitte ist mit dem Schalter verbunden.

Rauf und runter:

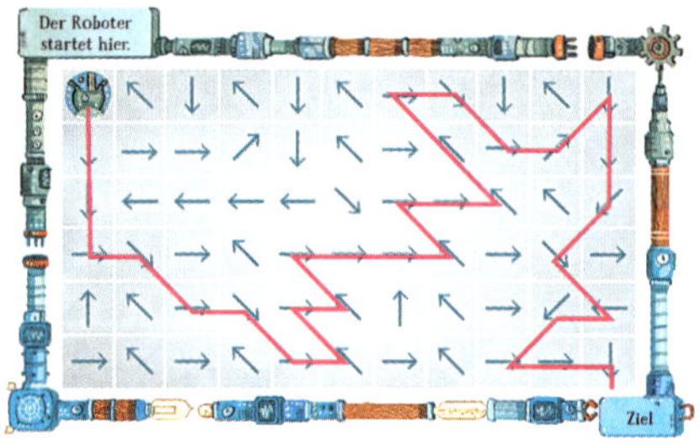

Richtig oder falsch?:
Aussage 3 ist falsch. Im Scienceworks-Museum in Melbourne gibt es einen „Raum der Blitze“ und im Museum of Science and Industry in Chicago konnte man einen „Monat im Museum“ gewinnen.

36–37 MITMACHMUSEUM

Retro-Videospiele:

Geschmackstest:

1 = TAUSENDFÜSSER-SALAT
2 = AMEISEN AUF TOAST
3 = GRILLEN AM SPIESS
4 = KAKERLAKEN-SUSHI
5 = SKORPION-LOLLI

Mitten im Beben:

38–39 ALLE AUGEN INS ALL

Sternenhimmel:

Schwan, Zwillinge, Löwe und Orion sind an der Decke des Planetariums zu sehen. Krebs fehlt.

Reise durchs All:

Verlorene Buchstaben:
Die vollständigen Beschriftungen sollten lauten: FOTO VON ASTRONAUTEN, WELTRAUM-NAHRUNG, MONDGESTEIN, METEORIT, MODELL EINES SATELLITEN, REPLIKA EINER RAUMFÄHRE

40–43 DIE WELT DER NATUR

Fossiliensuche:
Trilobit ist nicht im Suchsel versteckt.

Seltene Blüten:

Tolle Tiere:

1 = c; 2 = a) Wasserbüffel, b) Gazelle, c) Rentier; 3 = Paradiesvogel; 4 = d; 5 = b; 6 = RICHTIG; 7 = b

Insekten identifizieren:

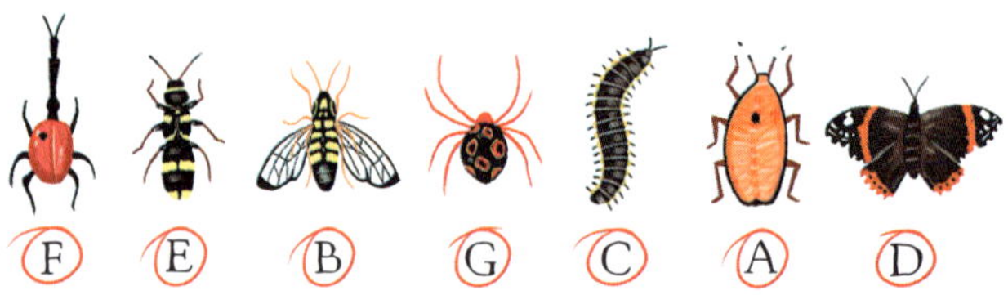

44–45 DINOSAURIERPARK

Schädelsuche: D

Skelettsuche: Die Knochen sind rot eingekreist.

46–47 KLUGE KOMMUNIKATION

Bild und Ton: 1 = B, 2 = C, 3 = A

Wer spricht da? Nadja ruft Ava, Emma ruft Alex, Selim ruft Jakob und Luca ruft Sibel an.

Leichter und leichter:

Autotelefon = D	Schnurlostelefon = B
Klapphandy = A	Smartphone = C

Geheime Türme: FRANKREICH

48–49 FILMMUSEUM

Familienschnappschuss:

Szenen-Wirrwarr:

50–51 WENN ES DUNKEL WIRD

Suchspiel:

Kontrollgang:

- ein verloren gegangener Teddybär
- sieben rote Schlafsäcke
- eine Statue im Schlafanzug
- drei gelbe Brotdosen
- ein Eimer und ein Besen
- zwei fotografierende Besucher
- jemand, der schnarcht

Heiße Schokolade: Nein. 25 Personen sind in den Schlafsäcken, aber es gibt nur 22 Tassen.

52–53 GESTALTUNG UND DESIGN

Auf die tierische Art: 1 = Elefant, 2 = Katze, 3 = Pfau, 4 = Löwe, 5 = Krokodil, 6 = Schlange, 7 = Leopard, 8 = Zebra

54–58 ALLES IM RAHMEN

Unmögliche Blüten:
3 Lilien, 2 Schwertlilien, 6 Rosen,
7 Tulpen, 5 Narzissen und 3 Pfingstrosen

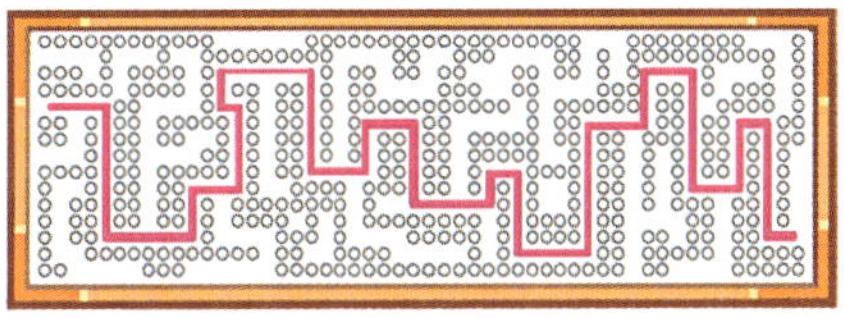

58–59 NACH DAMALIGER MODE

Antike Accessoires:

Historische Hüte:
1 = D, 2 = C, 3 = E,
4 = B, 5 = A

Stilquiz: 1 = RICHTIG, 2 = c, 3 = c, 4 = d, 5 = FALSCH

60–61 ATEMBERAUBENDE SCHÄTZE

Kronjuwelen:

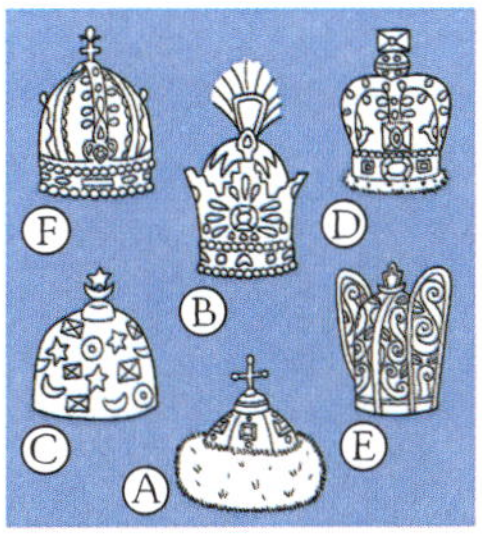

Edelstein-Sudoku:

Juwelen der Welt: Topas-Ohrgehänge, Smaragd- und Rubin-Ring, Saphir-Brosche, Türkis-Anhänger, Gold- und Jade-Halskette

62–63 ETHNOLOGISCHE SAMMLUNG

Verborgene Masken: 1 = C, 2 = D, 3 = A, 4 = B

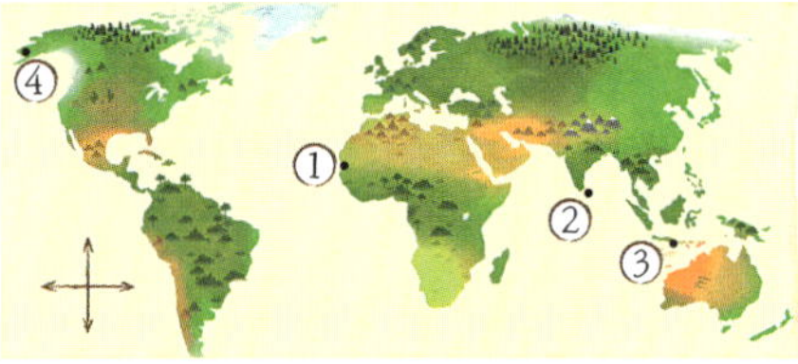

64–65 KABINETT DER KURIOSITÄTEN

Falsche Herkunft:
Narwal-Stoßzahn = EINHORN-HORN,
Pfeilspitze = ELFENPFEIL,
Ammonitenfossil = STEINSCHLANGE,
Diplodocus-Knochen = KNOCHEN EINES RIESEN

Wunderschränkchen:

66–67 MUSEUMSSHOP / MUSEUMSCAFÉ

Gutes Geschäft:

◯ verkauft

◯ falsch zurückgestellt

Wer bekommt was?:

Köstliche Kuchen:
Insgesamt wurden 24 Stücke gegessen.

68–69 ALLERLEI AUTOMOBILE

Oldtimer-Omnibus:
Das ist das Ersatzrad.

Andere Autoformen:

Fahrzeugsuche:

◯ Milchlaster

◯ silbernes Auto mit 83

◯ blaues Motorrad

◯ rotes Auto mit schwarzem Dach

◯ gelbes Auto mit rotem Streifen

◯ grünes Auto mit Beule

◯ gleich aussehende Autos

In der Motorwelt:
Aussage C ist unwahr.

70–71 GALEONEN-NACHBAU

Krähennest-Ausblick:

◯ Anker

◯ Kanonen

◯ Möwen

◯ Hängematte

◯ Löwenwappen

◯ Lampe

Schiffstaufe: GOLDENE LÖWIN

Seemannsknoten: B, D und F bilden einen Knoten.

Schiffsreparatur: 1 = C, 2 = A, 3 = B

72–73 MUSEUM FÜR LUFTFAHRT

Der erste Flug: 1 = RICHTIG, 2 = FALSCH, 3 = RICHTIG, 4 = FALSCH

Der Flügel der Saetta ist beschädigt.

75 GROSSE MUSEUMSTOUR

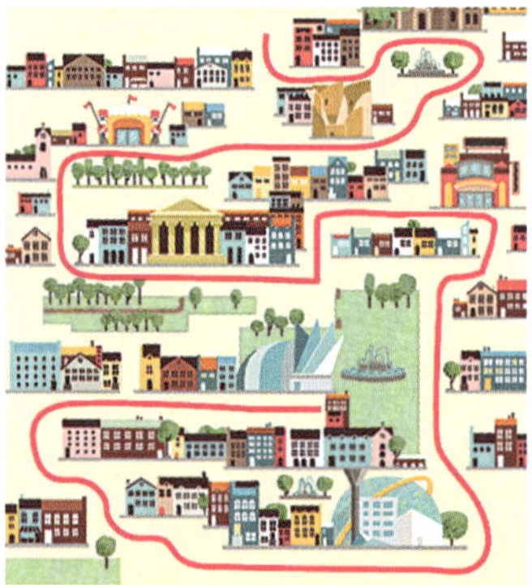

Grafische Leitung: Zoe Wray • Redaktion der Serie: Jane Chisholm • Digitale Bearbeitung: John Russell
Zusätzliche Grafiken: Jamie Ball und Matthew Preston • Zusätzlicher Text: Abigail Wheatley und Sam Baer
Übersetzung aus dem Englischen: Jutta Vogt • Redaktion der deutschen Ausgabe: Peter Mandrella • Satz der deutschen Ausgabe: Carolin Günther

RUNDGANG DURCHS MUSEUM

Seite 4–5

EINGANGSHALLE

Seite 6–7

RESTAURIERUNG

Seite 16–17

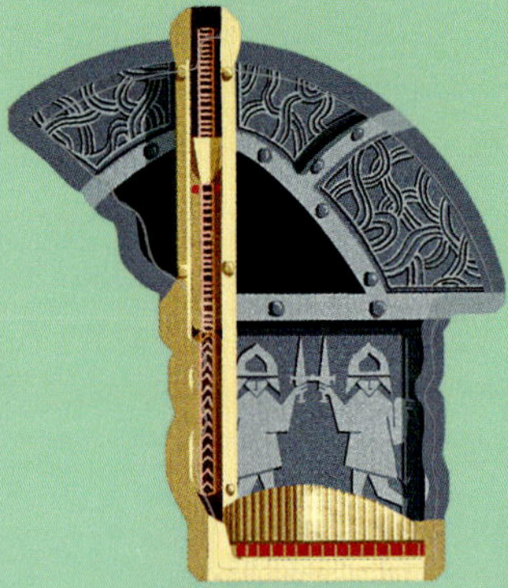

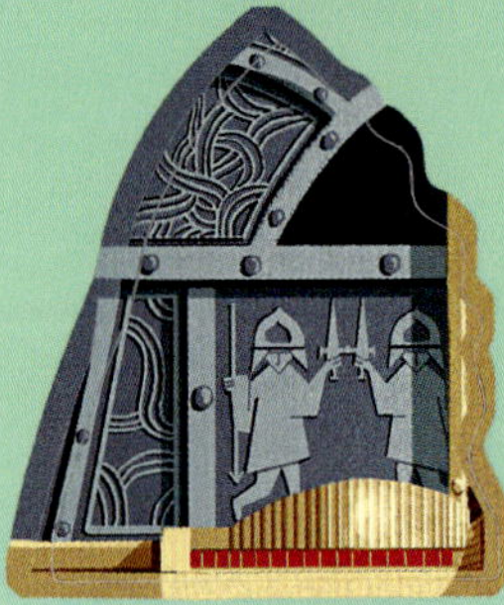

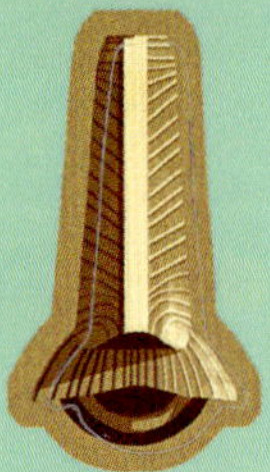

DEPOT

Seite 18–19

DEPOT

(Fortsetzung)

Seite 18–19

ANTIKE SPIELE Seite 30–31

DINOSAURIERPARK

Seite 44–45

FILMMUSEUM

Seite 48–49

ALLES IM RAHMEN Seite 54–55